《爱国奋斗精神学习读本》系列丛书

爱国奋斗新时代

——改革先锋科技人物篇

（二）

《爱国奋斗新时代》编写组　编

中国科学技术出版社

·北　京·

图书在版编目（CIP）数据

爱国奋斗新时代. 改革先锋科技人物篇. 二 /《爱国奋斗新时代》编写组编. —北京：中国科学技术出版社，2020.5（2024.7 重印）

（《爱国奋斗精神学习读本》系列丛书）

ISBN 978-7-5046-8440-0

I. ①爱… II. ①爱… III. ①科学工作者—生平事迹—中国—现代 IV. ① K820.7

中国版本图书馆 CIP 数据核字（2019）第 236094 号

策划编辑	符晓静
责任编辑	符晓静　白　珺
正文设计	中文天地
封面设计	孙雪骊
责任校对	焦　宁
责任印制	李晓霖

出　　版	中国科学技术出版社
发　　行	中国科学技术出版社有限公司
地　　址	北京市海淀区中关村南大街 16 号
邮　　编	100081
发行电话	010-62173865
传　　真	010-62173081
网　　址	http://www.cspbooks.com.cn

开　　本	720mm×1000mm　1/16
字　　数	112 千字
印　　张	10.25
版　　次	2020 年 5 月第 1 版
印　　次	2024 年 7 月第 2 次印刷
印　　刷	唐山富达印务有限公司
书　　号	ISBN 978-7-5046-8440-0 / K·265
定　　价	69.80元

编 写 说 明

为认真贯彻习近平总书记关于弘扬爱国奋斗精神系列重要指示精神，根据中共中央组织部、中共中央宣传部关于在广大知识分子中深入开展"弘扬爱国奋斗精神、建功立业新时代"活动的有关工作部署，中国科学技术协会组织编写《爱国奋斗精神学习读本》系列丛书，在先期出版《爱国奋斗精神学习读本》理论篇和榜样篇的基础上，推出"爱国奋斗新时代"系列，作为加强知识分子和青年学生思想政治教育、职业道德建设和科研道德培养的重要读物。

本次出版《爱国奋斗新时代》系列图书3册，收录18位被授予"改革先锋"称号的科技界榜样人物，讲述他们的爱国奋斗故事。

本书编写组
2020 年 5 月

《爱国奋斗精神学习读本》系列丛书
编 写 组

《爱国奋斗精神学习读本》系列丛书
编写组办公室

目 录
Contents

王大珩

赤子恒心　追光之路

文／胡晓菁

人物小传

　　王大珩，男，汉族，中共党员，1915 年 2 月出生，2011 年 7 月去世，江苏吴县人，中国科学院长春光学精密机械与物理研究所（以下简称"长春光机所"）原名誉所长，中国科学院院士、中国工程院院士。

　　在他的领导下，长春光机所研制出我国第一台红宝石激光器和首台航天相机，主持研制出我国第一台大型光测设备。1986 年 3 月，他会同其他 3 名科学家提出"863"计划建议并获中央批准，成为我国科学技术发展的一面旗帜，促使发展高科技成为实现我国科技现代化的一项重要战略部署。1992 年，与其他学部委员倡议并促成建立中国工程院。

　　荣获国家科学技术进步奖特等奖、"两弹一星"功勋奖章、首届"何梁何利基金优秀奖"。2018 年 12 月，被追授"改革先锋"称号。

自强不息，膺东报国

王大珩回忆："我的小名叫膺东，生于 1915 年。那年的大事是日本帝国主义侵略中国。趁着第一次世界大战的时机，日本帝国主义向袁世凯政府提出旨在侵占中国的秘密条款——'二十一条'。5 月 7 日，日本提出最后通牒。25 日，袁世凯在北京签订了丧权辱国的《关于南满洲及东部内蒙古之条约》《关于山东之条约》。当时激起全国人民大规模的反日爱国运动，把 5 月 7 日称为'国耻纪念日'。父亲因此给我起了'膺东'这个小名，寓意是满腔义愤打击东洋——日本帝国主义。"

王大珩的父亲王应伟，是一名颇有成就的天文气象学家，自幼饱读诗书，16 岁便考中了秀才，在日本留学生活 9 年，于 1915 年带着襁褓中的王大珩回到祖国。王应伟在日本期间，饱尝了弱国小民的屈辱和经济困苦的艰辛，他无时无刻不盼望未来的中国国力强盛，中国人民过上富足、自强的幸福生活。王应伟在潜移默化中教育子女要有爱国情怀。

还在读书的时候，王大珩就受到过爱国主义教育，他的高中教育是在青岛完成的，其间，他看见过日本军舰在中国港口示威，还受到

1933 年，王大珩
（后排右一）与父母、
弟妹的合影

过日本孩子的欺辱，这令他深切感受到：落后就要
挨打。爱国主义情怀在他心中萌芽、生长，少年时
代的他受到父亲的影响，希望能够科学救国，他认
为国家的科技强盛了，国力就会渐渐强大，这也是
敦促他不断学习上进的一大因素。

　　王应伟对子女的精心教育，使王大珩从小便爱
上了科学。他曾是青岛观象台的小练习生，学习之
余使用观象台里的科学器械观测星空，听父亲讲解
地磁和地震的原理，这段经历令他终生难忘，为他
未来从事科学事业做了铺垫。

　　1932 年，王大珩以优异的成绩考上了清华大学
物理系，在这里他有良师、有益友，四年的学习时
光给他打下了终身的烙印。在清华大学，他聆听了

叶企孙教授的磁学、热力学课程，学习了吴有训教授的 X 射线放射课程，还有萨本栋教授的无线电课程、周培源教授的理论物理学课程以及赵忠尧教授的光学课程。清华大学高质量的教育内容和训练方法，令他走进了科研的大门，奠定了他一生事业的基础。他的同窗挚友有钱三强、何泽慧、于光远、黄葳、杨龙生、杨镇邦，等等。其中，钱三强对他影响最大，后来他们在异国他乡重逢，钱三强告诉他中国共产党的事迹，他俩还相约未来一起回国，并在相识、相交的时光中，一起为建设一个强盛的中国而努力。清华大学的校训"自强不息，厚德载物"，王大珩铭记终生。在校期间，他在学习上奋斗不止，用知识填充自己；走上社会后，他百折不挠，

王大珩（前排左二）与清华大学同学的合影

清华大学时期的王大珩（1937 年）

切实践行校训的教诲。

王大珩经常哼唱的一首歌是《松花江上》："我的家在东北松花江上……哪年，哪月，才能够回到我那可爱的故乡……"因为日寇的侵略，东北学生失去了课堂，被迫南下流亡。在大学就读期间的王大珩，并不是一心读书不闻窗外事的，他知道时事的艰难，痛恨当局的腐朽。1935 年 12 月 9 日，北平学生会发起了抗日救亡运动，6000 余名学生走上街头，高呼着"打倒日本帝国主义""停止内战，一致对外"的口号。王大珩正是其中的一员，也是这场游行的提议人之一，他走上街头，振臂直呼，第一次发出了自己响亮的呼声，高亢而明确地喊出心中所想。王大珩在学生运动中与进步青年有所接触，了解到中国共产党在陕北的革命根据地，不久后还参加了中国共产党的外围组织——中华民族解放先锋队。

1936 年的毕业旅行，王大珩与同学们一起坐上了南下的火车，在这次旅途中，王大珩再次体会到了落后就要挨打！原来，一群日本浪人要走私货物，在火车上无理驱赶旅客，旅客们虽然愤怒，却无可奈何。在自己的国土上被外国人欺凌，王大珩愤怒无比，他的内心迫切希望能为国家做一些事，令国家强大起来。这也是1937年"卢沟桥事变"以后，在南下逃难途中，王大珩请老师周培源推荐，前往位于南京的弹道研究所就业的原因之一。王大珩要救国，他选择兵工作为事业的开端，希望"物理学为国防服务"。这段从事兵工事业的经历在未来也促使他把光学研究成果应用于国防事业。

放弃博士学位，祖国永在心中

1938年，王大珩考取了中英庚款研究生，踏上了去英国的求学旅程，在帝国理工学院攻读技术光学的研究生学位。背井离乡的求学生活，令他加倍思念祖国，想念国内的亲人。

帝国理工学院的技术光学是十分有名的，王大珩的导师是在学校连续工作多年、担任技术光学部门主管的光学专家马丁，他已有著作《应用光学导论》。在马丁的指导下，王大珩主要从光学设计入手，他写作的第一篇公开发表的论文是《在有球差存在下的最佳焦点》，发表于1941年的《伦敦物理学会会刊》上。这篇论文是王大珩在两年

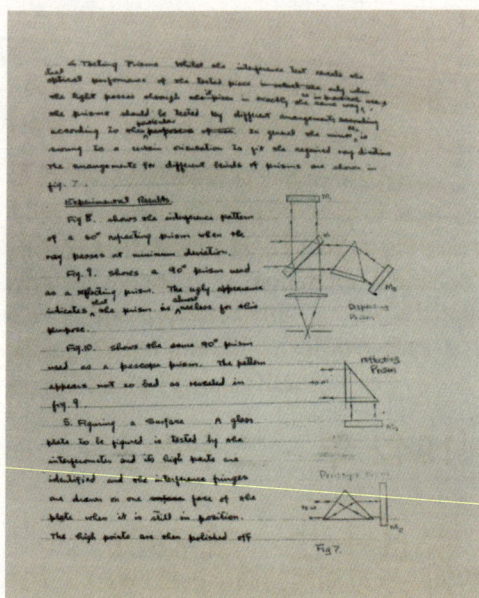

王大珩在英国学习时的手札

多研究生学习阶段的重要成果，在此后数十年内都被学界公认为是具有创造性的，许多光学设计专家在进行大口径小像差光学系统设计时都曾受到过这篇论文的影响。

在英国期间，王大珩生活艰苦，他克服困难，坚持学习，还参加过"留英中国学生总会"等组织，与同胞们交流。他的组织和领导能力很强，很快便在留学生中赢得了好口碑，在组织留学生和华侨联谊方面做了很多工作。值得一提的是，王大珩参加过的"留英中国学生总会"在新中国成立前后鼓励留学生回国参加建设方面起到过积极的作用。留英科学家群体回国后为我国科技事业的发展做出了贡献，许多人回国以后都成为各自学科领域的学术奠基者、领头人，如著名的科学家柯俊、李薰、王应睐，等等。王大珩回国后，也曾多方联络并帮助留英的中国人回国参加建设，在这方面做了很多工作。

1942 年，王大珩偶然得知伯明翰昌司玻璃公司（以下简称"昌司公司"）要招聘一名实验物理师，从事稀土光学玻璃的研究。此时此刻，他已经硕士研究生毕业，正在谢菲尔德大学跟随著名的玻璃学家特纳攻读博士学位，并且已经有一些科研成果了，再努力一下就能够取得博士学位。但他感到这是一个难得的机遇，"我的祖国是多么需要这种技术啊！"他想的是，"实验室既是产品质量的控制中心，又是进行新技术、新产品开发的源地，所以对生产的组织形式以及生产光学玻璃的要害问题能有足够的了解。"虽然感到可惜，但王大珩毅然决定放弃在读的博士学位，前往昌司公司去做一线的技术开发工作。这一干，就是 5 年。对于王大珩放弃博士学位的事，他的挚友钱三强十分理解，也十分赞赏，他对人说："大珩不是不知道没有博士学位对个人的不利影响，但他为了国家将来的需要，做了与众不同的选择，在那个时候真是难得。"

在昌司公司工作的 5 年时光里，王大珩没有虚度。他每天都十分辛苦，清晨进厂，晚上 8 时才回家，全身心投入实验室工作中。因光学玻璃技术涉及军工武器制造，所以作为一名外国人，王大珩是不被允许接触到光学玻璃制造的核心技术的。为了研究出玻璃的配方，王大珩约进行了 300 埚玻璃熔炼试验，他用最"笨"的方法，即把已有的光学玻璃倒出粉碎，用研钵研磨均匀后重新熔炼，观察新熔炼出的玻璃的特质，再与原玻璃进行对比。如此多次，王大珩终于了解了光学玻璃的特性，并由此熔炼出可测色散的玻璃。通过反复试验，王大珩掌握了稀土光学玻璃的制造工艺，并获得两项光学玻璃配方的发明专利。其间，他还发明并制作了 V-棱镜折射率测量装置，获得英国科学仪器学会"第一届青年科学仪器发明奖"。特别要说的是，王大珩在英国从事科研工作时积累的大量资料和丰富经验，最终都毫无保留地应用在了我国的光学事业中。

王大珩取得了这样多的成就，受到了昌司公司高层的器重，但作为一名中国人，他内心始终想的是何时回国，何时令自己的国家掌握光学玻璃的制造技术。

1946 年夏，王大珩与钱三强、何泽慧伉俪以及老朋友彭桓武在英国剑桥相聚，参加剑桥物理集会。在这次聚会中，钱三强向王大珩讲述了自己所知道的陕北革命根据地的情况，他们谈到了斯诺的著作

1946 年 7 月，王大珩（右一）参加剑桥物理集会

《红星照耀中国》，谈到了理想，畅想了未来……由此，他们许下了共同的约定：随时做好回国准备，为将来建设一个强盛的中国效力！

1948 年 2 月，彭桓武回国；5 月，王大珩回国；6 月，钱三强和何泽慧回国！

不惧艰难，建设中国光学基地

王大珩回国以后，先后在北平物理研究所、秦皇岛耀华玻璃厂和上海等地辗转供职。其间，正值通货膨胀，国内动荡，王大珩真切地体会到了国民党当局的腐败和人民生活的艰辛与不易，于是他做出了投奔东北解放区的明智决定，前往大连工学院（今大连理工大学）任职，其间，他帮助创办了大连工学院应用物理系。

王大珩牢记自己回国的使命，他要用在英国所学报效自己热爱的祖国，为国家繁荣富强而努力。新中国成立后，他更是满心欢喜，更加积极地投入工作中。王大珩明了我国仪器制造底蕴不丰厚的现状，当时我国像样的光学工厂只有昆明光学工厂，使用的许多仪器都要从国外进口，没有光学玻璃，更谈不上制造照相机、显微镜。1950 年，他被聘为中国科学院应用物理组（兼工学实验组）专门委员。在中国科学院决定筹备仪器馆时，王大珩欣然领命，决定要终生致力于我国的仪器制造事业。

仪器馆从筹备到正式建成，用了近两年的时间。其间，王大珩无不亲力亲为，他不仅主持仪器馆的选址，从四处招来大学生，带着年轻人去参观学习，为他们制订未来工作的计划，还要设计仪器馆未来的组织和管理形式。仪器馆最开始计划建在北京西郊，但考虑到其科研和生产功能，中国科学院决定将仪器馆建在工业和科研基础较好的东北地区。王大珩多次前往东北地区选址，最终定下以长春铁北地区的一片旧厂房为仪器馆的基建基础，那里有一个高耸着的大烟囱，王大珩心里暗想：便在这里建光学玻璃熔炼炉吧！

初建时候的工作十分艰难，在一片断瓦残垣中，要建设厂房、宿舍、科研大楼，不能说不艰难。而这些旧院落里，有弹片、弹坑，一下雨便十分泥泞，当时铁北北边的山上还有土匪出没，许多人都感到开展工作实在是太艰难了。王大珩每天都泡在工地里，那时候他的家属还没有调来长春，他便一个人在单身宿舍里居住，白天在工地，不但要监督基建，还要指导仪器馆的管理，为青年人做讲座，教他们做光学设计，晚上他还要抓紧时间去办公室里看书学习。长春的冬天十分寒冷，吃不到绿叶蔬菜，初建时住宿条件又很差，许多高级研究人员已经萌生退意，但王大珩的信念依然坚定。他发动群众一起搞基建，与青年人吃住在一起，号召人人都参加劳动。王大珩身先士卒，令仪器馆上下佩服，人人都干劲儿十足，在这样的上下一心中，仪器馆慢慢建成了，并成立了光学物理、机械、光学

王大珩（右）与龚祖同在一起

玻璃实验室。

　　仪器馆在建成以后，做出的第一件大事便是在1953年熔炼出我国第一炉光学玻璃。这也是我国光学发展史上具有开创性的重大事件。第一炉光学玻璃是在王大珩和龚祖同这两位光学专家的领导和指挥下炼制成功的，王大珩始终记得当时的艰难，他抚摸着当初熔炼出来的光学玻璃样品，认为这是具有历史意义和代表性的。从此，我国有了光学玻璃，能够自主制造各类大、中、小型光学仪器，这为我国仪器制造业的发展奠定了坚实的基础。

"两弹一星"，国防光学创新篇

　　仪器馆经过多年的发展，在 20 世纪 50 年代，已经能生产出光栅刻划机、显微镜、沼气干涉仪、大地测量仪等各类仪器。1957 年，仪器馆更名为长春光机所。回顾 20 世纪 50 年代长春光机所取得的成果，除了光学玻璃，人们想起最多的便是"八大件"。这是在特殊时期，在研究所已经有较好的科研基础和技术基础的情况下，全所人员上下一心、艰苦奋斗取得的一批有影响力的科研成果。其中，高精度经纬仪等成果于 1958 年 10 月 5 日到 11 月 9 日，在中国科学院中关村新建实验大楼举办的"自然科学跃进成果展览会"上展出过，毛主席前来参观时还表示过赞赏。另一项成果——大型电子显微镜，不仅在北京展览馆展出过，其模型还在 1959 年国庆 10 周年庆祝大会上在天安门广场上接受过党中央和毛主席的检阅。"八大件"是长春光机所在建所的第一阶段取得的巨大成果，也是王大珩心中的骄傲！

　　在民用光学仪器研制取得重大进展后，长春光机所在发展中逐步实现转型，即面向我国国防工作亟须发展的方向，研制军用光学仪器，并开展了合理的学科部署。作为长春光机所的掌舵人，王大珩心中所想的始终是：为了国家的需要！

　　王大珩和龚祖同二位较早关注的一个课题是应用于国防的大倍率军用观察望远镜。他们提出用大口径和红外变像管作为核心部件的红外望远镜思路，经过科研人员实施，取得了良好的效果，并长期被使用于我国沿海部队中。紧接着，红宝石激光器的研制成功，令长春光机所上下尝到了成功的喜悦。但要说王大珩和长春光机所在 20 世纪 60—70 年代投入最多的，还是与"两弹一星"相关的国防光学工作。

　　"两弹一星"，即原子弹、导弹以及人造卫星。这是我国在极度困难的情况下，增强国防实力，对抗美苏冷战而自力更生研制的成果，也是被载入新中国史册的重大事件，代表了 20 世纪中国国防科

王大珩在电影经纬仪前

技发展的最高成就。与"两弹一星"研制相关的国防光学技术，主要是与观测、跟踪、测量相关的国防光学技术。王大珩领导长春光机所研制的较为重要的仪器包括：与核爆试验相关的高速摄影机，与导弹发射相关的大型光学跟踪电影经纬仪，与卫星观测相关的空间相机，等等。

首先说高速摄影机，这是为了测试核爆火球直径与时间的关系，推断原子弹威力的一项装备。在时间紧、任务重的情况下，王大珩提出征调一批国内已有的进口高速摄影机作为主机，在此基础上更新中等焦距的镜头，加装光电原点启动系统及 1000 次/秒的时标打点系统，从而增大了摄影机的视场面积。王大珩的方案为任务节省了时间，并使之达到预期的效果。

再说大型光学跟踪电影经纬仪，这项任务也是 20 世纪 60 年代长春光机所最重要的任务之一。为了研制"150-1"大型电影经纬仪，王大珩高瞻远瞩，提出要"一竿子插到底"，即不但要完成机器的设计任务，还要实现样机的加工、组装，完成成品。在他的极力主张下，长春光机所实行了一系列改革，包括与机械所合并、成立 0308 工厂，这些措施奠定了研究所未来发展的基础。在任务执行的过程中，长春光机所培养出一支强大的科研队伍，形成了以光、机、电、控为主体的光学设备研制体制。不仅如此，在电影经纬仪的光学设计上，王大珩还做了技术指导。他主要从望远镜的口径、焦距等结构参数方面，对仪器的总体框架方案提出了设想；设计了望远镜的十字线结构，使瞄准线不因镜筒挠曲而改变，提高了瞄准精度；提出使用水平转轴、采用滚轮弹簧支承及驱动系统，从而大大增强了电影经纬仪水平轴运转的灵活性、平稳性及自控能力。"150–1"大型电影经纬仪的研制成功，对长春光机所影响深远，使其不仅具有了技术基础，还有了人才队伍。长春光机所后来还设计出一系列国防光学所需的各类经纬仪，包括应用于远洋测量船上的船用经纬仪，等等。王大珩带领长春光机所承担了一系列国防任务，为国家节省了上亿美元的外汇支出，并壮大了我国的国防力量。1985年，长春光机所承担的"现代国防试验中的动态光学观测及测量技术"项目获得了国家科学技术进步奖（国防专项）特等奖，王大珩获得了个人奖状。该奖项肯定了1985年以前以长春光机所为主研制的一系列靶场光测设备，这些设备在国家研制"两弹一星"的历次重大试验中均圆满完成了测试任务。

除此之外，用于卫星上的空间相机也是一项意义重大的科研项目。早在1965年，王大珩便参与过我国第一颗人造卫星"东方红一号"的研制工作，担任卫星总体设计组副组长，对卫星的跟踪系统提出过看法。在我国发展可回收遥感卫星的过程中，王大珩提出不但要上对地相机，还要上对空相机。他提出使用地物相机和星空相机组合的同轴双向相机系统，从而获得拍摄目标的位置信息，这种观念在当时来说是超前的，打破了人们思维的壁垒，使我国的空间相机研制水平有了很大提升。这台空间相机在研制出来后，被用在我国第一颗返回式卫星上，收到了良好的效果，人们看到了来自遥远太空拍摄的照片，不仅有地面上的影像，还有太空中的星空照片，这是巨大的成功！我国成为世界上第三个能回收卫星的国家。

1999 年 9 月 18 日，在新中国成立 50 周年前夕，党中央、国务院、中央军委隆重表彰为我国"两弹一星"事业做出突出贡献的 23 位科技专家，王大珩被授予"两弹一星"功勋奖章，这既是党和国家对他的肯定，也是对他代表的我国国防光学科研队伍的极大肯定！

荣誉与责任，战略科学家在成长

曾经有人说过，王大珩的追求是广泛的，他并不满足于光学这一块天地，他"通过不同途径，从不同层次对社会的科技进步做出贡献"。王大珩早年充分发挥了他作为一名光学专家、科学组织家的作用，为国家的光学发展殚精竭虑。20 世纪 80 年代调入北京以后，他迅速成长为一名战略科学家，以高瞻远瞩的目光，向国家提出重大的科学发展建议，为振兴我国科学技术的宏伟事业不懈努力。

1986 年，王大珩与王淦昌、陈芳允、杨嘉墀等科学家，向国家提出了一份载入史册的"上书"，信中写道："敬爱的小平、耀邦、紫阳同志：首先向您们致敬！我们四位科学院学部委员（王淦昌、陈芳允、杨嘉墀、王大珩）关心到美国'战略防御倡议'对世界各国引起

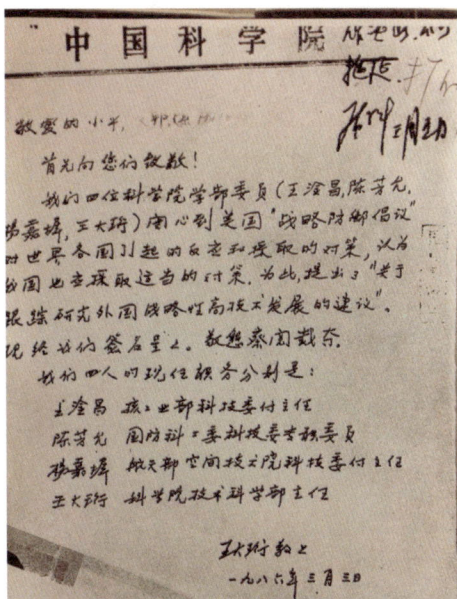

"863"建议手迹

的反应和采取的对策，认为我国也应采取适当的对策，为此，提出了'关于跟踪研究外国战略性高技术发展的建议'。"这便是"863"计划的缘起。老科学家们立足于国家发展的大势，深感"不能被落下"！他们向党中央提出要抢占高技术的桥头堡。这项建议很快得到了落实，对我国科学技术的发展起到极大推动作用的"863"计划由此启动。

王大珩不满足于仅为这项计划点燃一根火柴，他切实关心着计划的实施，关心许多领域的高技术

"863"计划的四位倡议者(左起：王大珩、王淦昌、杨嘉墀、陈芳允)

王大珩（右一）为筹
建中国工程院忙碌

发展，为关键技术点拨，并提出不少颇具建设性的
建议。例如，他关注我国的航天技术，不断调研，
为载人航天的立项和实施付出了许多心血。神舟飞
船研制期间，他为空间相机的光学设计忙前跑后，
航空航天系统工程专家顾逸东院士回忆："我们按照
他的意见，部署了两个攻关小组，经过两年多时间，
终于攻克并系统掌握了非球面设计、加工、测试、
装调等一系列关键技术。在此期间，王老多次约我
们到他家里，了解情况，提出指导意见。在王家骐
院士的领导下，研制团队十年磨一剑，采用了一系
列新技术、新方法，研制出了当时最轻量化最高质
量的高级空间光学系统，并圆满地完成了空间飞行
任务。"

　　由王大珩主要参与的另一个著名提案，是关于

中国工程院六位倡建者合影（左起：罗沛霖、王大珩、张光斗、侯祥麟、张维、师昌绪）

建立中国工程院。为了促成这件事，1986—1992年，他前后有4次提案和建议。1992年，他和张光斗、师昌绪、张维、侯祥麟、罗沛霖六人联署的建议书，是促成中国工程院成立的关键。

　　在中国工程院建院过程中，王大珩不顾自己已经年近70的高龄，大事小事都亲力亲为，他既是中国工程院的主要倡建者，也是主要筹建者。无论是建院中，还是建院后，他都投入了大量的心血，在院士遴选过程中，在制定"规范""准则"中，在树立工程院形象中，在工程院的运作管理中……他为中国工程院作为工程科学技术界名副其实的最高学术机构而努力。前人栽树，后人乘凉。如今，中国工程院成立已有20余年，在回顾其建院和发展的历史时，没有人能忘得了王大珩的名字。

　　王大珩的晚年，还有一件令国人瞩目的事，那便是有关"大飞机"的提案。他指出，一定要"以我为主，迎难而上"。2017年5月5日，国产C919大型客机首飞成功。那一天，人们亲眼看到C919大飞机展翅高飞，翱翔于蓝天之上。那一刻，亿万中国人激动不已！这是令我国航空人永远铭记的一刻，吃水不忘挖井人，我国具有自主知识产权的干线民用飞机研制立项，也离不开王大珩的努力！

　　从"运十"飞机起，王大珩的观点就是要自主研制大飞机。他多次在大会小会上提到这件事，并参与各类调研，还多次向国家递交提案。其间，他遭遇过很多反对的声音，甚至遭遇过一些冷眼，但他从未放弃，他始终坚持：时不我待，不能受制于

2000年11月21日，王大珩（左五）考察上海飞机制造厂

人！我国必须拥有自主生产飞机的能力。在 2001 年 2 月的香山会议上，他力排众议，据实、据理力争，终于赢取了与会者的支持。此时的王大珩已经是一名八旬老人，但他仍然坚持亲自调研、亲自审阅报告，最终形成了一份有建设性建议的报告，提交党和国家领导人审阅，这对大飞机的立项起到了积极的促进作用。

2003 年 4 月 18 日，温家宝总理来到北京航空航天大学视察，在与学生们的交谈中，总理提起，最近收到王大珩写给他的一封信，信里最惦记的就是中国大型飞机的发展问题。信中说："我们能造汽车了，能造战斗机了，但是我们还不能造大型客机……我总想什么时候中国的大型飞机能够研制成功并且上天。我相信，这个愿望是能实现的……"不久后的 5 月 25 日，温家宝总理亲自到王大珩家中看望了他。温总理握着王大珩的手，赞扬了他 88 岁高龄仍然心系国家科技发展的精神。温总理说："王老最近就加快我国航空工业发展给我写了一份建议书，今天我专门来听您的意见。"王大珩的建议，就是有关大飞机的立项提议。2008 年，中国商用飞机有限责任公司成立，并承担大飞机的研制工作。2009 年 8 月 6 日上午 11 时许，温总理来到解放军总医院，再次看望病中的王大珩，他告诉王大珩说："国产大飞机项目就是按您那时的建议定的。制造大飞机，就要靠国家意志。"

2019 年 8 月 1 日，我国第四架 C919 大飞机成功完成首飞，即将密集试飞。我国人民在不久后的未来将乘坐我国自行研发、生产的大型飞机，中国人民做了百余年的大飞机梦就要完全实现了！

战略科学家的精神，就在于他始终站在国家和民族发展的大局观上，放眼远眺！他的心，和国家的富强、人民的富裕，紧密联系在一起！

白驹过隙，科学精神永留存

尽管王大珩已经取得了一系列荣誉，在光学界，几乎人人都钦佩他，尊敬地称他为"中国光学之父"。但王大珩拒绝别人这么叫，他谦虚地说：如果称我为"中国光学之父"，那置严济慈以及我的老师们于何地？

王大珩形容光学研究是打边鼓，他总是谦虚地把自己和自己所从事的学科放在配角的位置上，但实际上，光学研究与应用在"两弹一星"的研制任务中承担了探测、测量、观察、记录、通信等工作，为试验前和试验后提供大量有效的数据，是必不可少的。尤其是卫星，照相机设备更是其中的灵魂所在。光学与国防的关系始终密切，它作为探测、测量、观察、记录、通信等手段，发挥的是不可替代的作用，可以说，没有光学，就没有现代化的国防！王大珩早年的经历令他始终保持着一颗强国、强军之心，他常说，"民用仪器可以花钱从国外进口，先进的军事装备则是要害技术，花钱也买不到"。王大珩以实干推动中国光学事业的实际发展，他的这一思想在很长时间内影响着我国光学事业的发展。在王大珩的领导和布局下，长春光机所在发展国防光学事业的过程中，以自身为基地，分建、援建了全国许多光学机构，令光学事业在全国生根开花。这里培养出一支合格的光学人才队伍，走出了二十几位中国科学院院士和中国工程院院士，他们又培养出无数光学事业的接班人。如今我国的光学事业学科齐全、机构完备、科研成果领先，已经走在世界前列。回忆往昔，人人都怀念当时在艰苦的岁月中齐心建设的场景，人人都佩服王大珩的高瞻远瞩，都感怀他为中国光学事业发展呕心沥血的付出。

王大珩的一生，除了致力于他所热爱的光学事业，作为一名战略科学家，他把国家需要时刻放在心上，以为国奉献、建言献策为己任，参与提出多项利国利民的建议，为我国高技术发展，为我国航空航天事业的发展做出了突出的贡献。前人栽树，后人乘凉。王大珩的建议，如"863"计划、成立中国工程院、大飞机立项，等等，都已经得到实施，并取得了很好的效果，令我国各行各业、也令大批科技工作者切实受惠，更促进了我国科学技术事业的发展。他真是一名功勋卓著的科学家！对于自己一生的工作，王大珩总结了16个字，即"实事求是、审时度势、传承创新、寻优勇进"。他立足于现实，不断进取，勇于创新，这也是他的科学精神之精华所在。

2011年7月21日，王大珩因病医治无效，在北京逝世，享年96岁。7月29日清晨，北京下着滂沱大雨，社会各界人士自发齐聚八宝山，送别并悼念这位光学泰斗、"两弹一星"功勋科学家。尽管王大珩已经离世，但他的科学精神和科学传承并没有离开。王大珩为中国的光学事业指出过发展方向，为中国科技事业的发展提出了许多金玉良策，他的亲人思念他，他的同事和朋友怀念他，他所从事的科学事业忘不了他！作为一名应用光学专家，作为一名战略科学家，王大珩将永远被载入史册，永远铭记于人民心中！

王大珩纪念园雕塑

王永民

充满激情去创新

文/孟　醒

人物小传

　　王永民，男，汉族，中共党员，1943 年 12 月出生，河南南召人，北京王码创新网络技术有限公司董事长。

　　他创立汉字键盘设计三原理及数学模型，1983 年发明"王码五笔字型"汉字输入法，首创"汉字字根周期表"，有效解决了进入信息时代的汉字输入难题。1998 年发明"98 规范王码"，是符合国家语言文字规范并较早通过鉴定的汉字输入法，推动了计算机在我国的普及。其发明技术获得中、美、英等国专利 40 余项。

　　荣获"全国劳动模范"等称号和"全国五一劳动奖章"。2018 年 12 月，被授予"改革先锋"称号。

中国人知道王永民，是从知道"五笔字型"开始的。

而"五笔字型"被称为"王码"，又被尊为"码王"，这个原创性发明的背后，凝结着它的发明者王永民的一串串激情故事。

王永民创新发明基因的源头

王永民的创新发明基因，源于家庭的特殊氛围与父母的宽松教育，更深层的原因是南阳深厚的文化底蕴。

他的父亲虽然是一位农民，但却是一个农活儿、手艺俱佳的人，不仅精通种地、收割、扬场等一应农活儿，而且能上山打猎、下河捕鱼。农闲时节，能用荆条、白蜡条等灌木条精细地编筐织篓。起房盖屋也是一把好手，那个年代乡邻盖房是一件了不起的大事，他的父亲是不可或缺的人物。因此，他的父亲是个受人尊重、闻名乡里的多面手。

一位好父亲的言传身教不可低估，王永民的创新基因和动手能力，就是在父亲的影响下形成的。王永民很小的时候，就常跟着父亲学做小玩具。什么小风车、小喇叭、链条枪，在大孩子眼里已足够复杂，但在他眼里不过是些简单的玩意儿。他不满足于跟父亲学样儿，而是自己尝试着做出多种改变。那时候，家里的老鼠多，捕鼠夹也就是一块木板上钉着一个弹簧，与诱饵钩一起联动。王永民6岁的时候，就动手做捕鼠器，不是用铁夹子将老鼠夹住的那种，而是让馋嘴的老鼠进到笼子里逃不出去。他不是做出一种就罢休，而是不断改进，做了不下十种。这种锲而不舍、持续改进的精神，在他后来发明"五笔字型"的过程中，得以完美而生动地体现。

王永民的父亲对孩子的想法和做法从不干涉，更不会训斥说这是在捣乱。父亲知道孩子喜欢给自己当助手，在他做手艺的时候，总把孩子叫到身边打下手。平时，王永民爱鼓捣什么东西，只要父亲得空闲，就会在一边给予赞赏与鼓励的目光，时不时地指导一两句，关键时刻给予点拨启发，从不说孩子这不对那不对，更不会将孩子拉到一边，自己越俎代庖。看着母亲没日没夜地纺线织布，最终做成几双鞋就是为了给自己交学费，七八岁的王永民不忍母亲辛苦，就琢磨起纺车和织布机的工作原理。他花了几个月的时间，不断试验，刻制了大大小小的齿轮、长短粗细不一的蜗杆，最后装配成一个结构复杂的纺纱锭，总算成功地改造了老式纺车。但是，这个纺车的速度仍不理想，直到10年之后，他要高中毕业了，才做出了一台半自动纺纱锭。这台半自动纺纱锭是王永民发明道路上的第一个里程碑。尽管这是一件很小的木制工具，也没有达成让母亲多挣些钱的愿望，但他一直珍藏着，曾有人打算出100万元收藏，被王永民拒绝了。因为它记载着王永民的激情和梦想，以及少年时期的快乐时光。

王永民为母亲发明的
半自动纺纱锭

王永民帮母亲绕棉线
（1997 年 5 月）

　　王永民的与众不同之处，就在于他始终保有创新的激情。他一直记着父母的话："艺多不压身，指不定哪碗饭能填饱肚子。"

　　他小小年纪就学会了各种农活儿，并练就了多种手艺：做木工、做手工、理发、刻章、拉二胡，二胡还是他自己制作的。除了那些常见的物件，他还将书本上描述的风向计、日影计时仪，甚至小汽车、小火车等做成实物模型。

　　有一次，他偶然发现用一条弯管可以把水从低处引到高处，就想制作一台"永动机"，可以引水上山、周而复始、永不停歇。后来，他自己也明白了不可能有什么永动机。但是，他自己却是一台不知停歇的"激情永动机"。

　　除了父亲，点燃他创新激情的还有一个人，那就是老中医万大爷，从他记事时起，万大爷就给他讲发明木牛流马的诸葛亮、发明地动仪的张衡等人的故事，诸葛亮与张衡是"南阳五圣"（"科圣"张衡、"医圣"张仲景、"商圣"范蠡、"智圣"诸葛亮、"谋圣"姜子牙）中的两人。

　　往深了说，王永民的发明创新基因来源于南阳深厚的文化底蕴。除了"南阳五圣"，南阳作为古城还是中国楚文化与汉文化的发源地。姜子牙吕氏封国之地就在南阳。公元前 821 年，申国就建立在南阳。西汉时期，南阳为全国六大都会之一。东汉和三国时期，南阳作为陪都，是中国政治、军事、商业和文化的中心。东汉时，无论是土地面积，还是人口数量，南阳都要大过京都洛阳，商业的繁华程度与文化的发展程度丝毫不输于洛阳。它后来的衰落并非是文化的衰落，更多是现代交通带来的地理原宥。

生于南阳的王永民成为一代著名的发明家，并非偶然。

青年时期的苦痛并没有消磨掉创新的激情

1962 年，王永民从南阳南召一中毕业。

在毕业典礼上，他作为高中毕业生代表上台发言。

他充满激情的话语给同学们留下了深刻的印象："翻开我们学过的物理、化学课本，上面印的都是外国人的头像。我们中国人为什么不能有伟大的发明创造，把头像也印在课本上？"

此等激情何其豪迈！此等青年锐气何其磅礴！

为了实现自己的远大志向与目标，他将高考志愿的前两个都填上了中国科学技术大学，第三、第四志愿才是清华大学与北京大学。因为在当时，中国科学技术大学被誉为"科学家的摇篮"。

王永民初中毕业照（1959 年夏）

王永民高中毕业照（1962 年夏）

那时，他以 6 门功课平均分 99.75 的高分，名列南阳地区第一名，文理兼优的他，激情充溢胸间：他不仅要成为科学家，还要成为数学家、发明家、文学家、音乐家，甚至诗人！他虽然被无线电电子学系录取，但他的激情并非毫无来由，为他们上课的都是各个专业领域的顶尖专家，如教授普通物理的严济慈，教授电子学的马大猷，教授数学的华罗庚，教授力学的钱学森，等等。另外，早在中学时期，他写的诗词就经常登上学校的板报，大学期间他与同学好友常有诗歌往还，工作期间也常以诗词一舒胸中块垒，2003 年他还出版了自己的诗文选，只是他发明家的名声太大，再加上"文化大革命"的影响，和他青年时期很长一段时间受到疾病折磨，拖累他失去了成为多领域大家的可能。

　　当时，中国科学技术大学的校园在北京西郊的玉泉路。大学时期，一贫如洗的农村娃与皮衣皮鞋的城里孩子在物质上形成的鲜明对比，让激情满怀的王永民很是沉默寡言。他一天十几个小时，不是在教室里，就是在图书馆里，周日则省下一顿早餐钱，去北京图书馆看一天书。即使是假期，他也难得回一趟家，不是学习，就是打工挣钱。他很少向父母伸手要钱，几年里总共才花费家里 10 元钱。身体屡弱、衣衫褴褛的他，深深地隐藏了自己的激情，只以门门功课成绩优秀来体现。他激励自己：23 岁读研究生，30 岁当教授，并有所发明、有所创造……

可是在时代的巨大洪流中，个人实在太过渺小。大学还没有毕业，"文化大革命"的风暴从天而落，他的专家梦不仅被打断，而且被批为"走白专道路的典型"。

1968 年 8 月，王永民大学本科毕业，被分配到我国第一个专门从事大规模集成电路研究的 1424 所——四川永川国防科学技术委员会某军事部门。专业总算对口，王永民的心里稍微踏实了一点儿。谁承想，专业研究还没开始，他不得不先到辽宁盘锦的盐碱滩上去种水稻。东北的风雨并没能消弭他的激情，他在《毕业词》中写道："万里辽东鹰展翅，秦川蜀道从头越。做黄牛学苑细耕耘，出人杰！"

1970 年 3 月，王永民重回专业工作岗位，他将此时定义为毕业的日子。

1424 所在四川省永川县（今属重庆市）的跳石河，地处山沟，交通虽然不便，但从事研究工作有它的优越性。生活条件尽管艰苦，但总能满足基本需求。王永民准备大干一番，可是仅仅 2 个月后，他就因昏迷被送往

王永民大学毕业照（1968 年 8 月）

王永民留影于农村
家中（1970 年）

医院抢救，检查结果是急性黄疸型肝炎。他在医院
中度过了 8 个月，其后虽然出院，但并没有痊愈，
迁延竟达 5 年之久。从毕业算起，时光就这样被荒
废了 8 年。

　　由于久病不愈，王永民将病因归结为水土不服。
年迈多病的父母也希望他能回到身边来。于是，王永民在 1977 年提出了调动申请。没想到，在调令下达前几天，突发的肾结石将他再次击倒。他以为自己要永远告别这个世界了，好在抢救及时，保住了性命。8 年病中生死，对于绝大多数人来说，恐怕早已泯灭了干事创业的雄心壮志，可对于王永民来说，却是"天将降大任于斯人"的"苦其心志""劳其筋骨"的考验了！

南阳是回去了，可是就他这么一个"病秧子"，专业研究单位却不愿意接收。没办法，王永民只好到当时的南阳市科学技术委员会（以下简称"南阳科委"，今南阳市科学技术局）当了一名办事员。随着国门渐渐打开，他阅读到了大量的国内外科技期刊，清晰地感受到了以计算机广泛应用为标志的信息化时代即将到来，他的专业知识与技能将大有用武之地。

王永民压抑的激情被点燃：电脑技术将要进入人类生活的各个领域，并彻底改变人类的工作方式和生活方式。他立即将关注领域集中到电脑技术上，把工作之余几乎全部的时间都用在了阅读和研究电脑技术上，很快就成为南阳科委的电脑技术专家。

1978 年，南阳地区印刷厂和川光仪器厂承担的河南省重点科研项目——汉字校对照排机，正是由王永民负责的工业科组织和管理的。项目所要解决的，就是普通手动汉字照排机在印刷中的一次校对难题。解决难题的关键是要制作一个能将汉字变成穿孔纸带的输入键盘。

在一次键盘设计论证会上，王永民出于对项目负责的精神，对川光仪器厂一位副总工程师提出的汉字投影键盘设计，提出了 5 条不同意见，想与他进行探讨。谁知，这位副总工程师将其当成"门外汉"管理者对他专业能力的挑战，他不仅宣称："你王永民即使给我当徒弟，还要再学 3 年！"而且声称："王永民是我们川光仪器厂不受欢迎的人！"

这种侮辱与挑战激起了王永民强烈的责任心。对方存在着的明显问题不容讨论，自然不能找到解决问题的办法。王永民有些激动，他对南阳科委主任符明义说："既然人家不让管，还不如不管！"符明义主任说："这不是你的性格啊！"王永民斩钉截铁地说："既然这样，那我们就自己干！"见此情状，符明义主任也清楚，王永民的激情一旦上来，就没有人能拦得住！他要干的事，一定会干成。

于是，南阳科委给王永民拨了 3000 元启动资金，让他先试试看。

正是这个项目开启了王永民人生的重大转折。

激情不息催生"五笔字型"

王永民的汉字照排技术研究刚刚开始，就遇到了一次选择：是继续搞汉字照排技术研究，还是去考研究生？因为，王永民虽然是计算机专家，但对于汉字研究却刚刚起步。要将计算机与汉字结合在一起，前面的路无疑充满荆棘，或者说当时的前景并不清晰。而去参加研究生考试，以他的实力结果是可以预知的，可以说是板上钉钉，前景也是极为清晰的，或者说一片光明。

让大家不解的是，王永民选择的是那条艰难的路。在他看来，越是艰难的路途，越是蕴藏着重大的机遇。

中国人千百年来都是以手写为主，即使出现印刷术，刻字制模也不过是将手写字变了个形式，像图章一样用油墨将字模上的字印刷出来。常见和常用的中国汉字有12000多个，而英文字母只有26个，其间的难度差异不可类比。源于西方文明的计算机键盘，正是以26个字母作为基础的。那么，将中国的方块字，借由电脑键盘这一西方科学成果，插上信息化的翅膀，就如当年西方借鉴中国的活字印刷术，发展出适合自己文化的印刷术一样，才能不被新技术所淘汰。从另一个角度说，西方的26键输入，如果能与中国汉字输入成功地结合在一起，那么对于中国文字所承载的文化信息，无疑是一种巨大的革命性进步。所以，王永民清楚自己身上所担负的责任，毅然决然地选择了继续攻关，而不是去攻读学位。

但这种跨越，无论是从空间上，还是从时间上，都是极为遥远的，非有燃烧的激情不行！就像他说的，"我愿意用激情燃烧的30年，去换平静如水的50年。"

从空间上来说，巨大的排字模具要变为小小的键盘，在纸面上书写要变为在键盘上敲击；从时间上来说，中国人习惯手写千百年，在短时间内要转变为敲击键盘输入，需要去适应。而距离西方人用上成熟的打字机已经有 100 多年的时间。西方人习惯的东西，大多数中国人则要从头学起，这样的艰难可想而知。

路径是清晰的，12000 多个汉字要使用电脑输入，就必须将汉字拆分成极少量的字根，并把这些字根安排在键盘上的合适位置，输入计算机后，再组合成新的汉字，并且要保证没有或少有差错。这是一项多么浩大的工程！如果没有对祖国文化的持久热情，就不可能不畏艰难地硬干下去，更不可能非干成不可。

其实，在那个时候，国内外搞汉字输入研究的专家学者之类的"大人物"已经有不少，王永民不仅是一个名不见经传的"小人物"，而且是一个输在起跑线上的"后来者"。但他全然不顾这些，不服输的倔劲儿上来了，越是挑战，他就越有创造的激情！

为了寻找解决的办法，他走出南阳去调研。然而，老天对他的考验仍没有结束，头一次外出就险些遭遇生命危险。

1978 年 12 月 16 日凌晨，河南省兰考县发生了两列火车相撞事件。该事件造成几百人死伤，王永民就是伤者之一，并因此住院几个月。

养好伤出院的王永民，在随后的几个月里跑遍了上海、苏州、杭州等地的科技情报所，但得到的资料可用性有限。多少有些参考意义的，只有美国"电脑大王"王安基于三角编码法的 99 键输入法。这 99 个键里的每一个键，都包含了多个字根，即使你用了 99 个键，仍需要再用辅助键，才能选出你想要的字。

这样的输入法，并不是王永民所期望的。

　　一次偶然的机会，王永民遇到了主编《英华大辞典》的郑易里先生。他们一个精通计算机，一个精通汉字研究，两人又都有联手的想法，于是郑易里先生慷慨地将自己研究多年的"188 键汉字编码方案"交给了王永民，让他拿去做试验。

　　然而，当王永民把《现代汉语词典》中的所有汉字根据郑易里先生的编码方案处理后才发现，仍有 800 对汉字是重码的。

　　既然没有现成的编码方案可用，王永民就决心以郑易里先生的编码方案为基础，开发自己的编码

王永民（右）与郑易里先生一起切磋编码理论（1980 年）

方案。

他先研究分析了汉字的字源和结构规律，再进行拆分排列，反复核对检查，12000 多个汉字被分成了 600 多个字根。

如果说把汉字拆成字根相对容易一些，那么把字根再拼合成有意义的汉字，仅从计算上来说，就有多种组合，仅凭手工处理，如果没有定力和毅力，几乎是不可能完成的任务。

同时，如果保留 600 多个字根，就意味着要有 600 多个按键，那将是一个无比巨大的键盘。这么多键不仅不可能提升输入速度，而且也无法实现键盘小型化的目标。

现在说来是水到渠成，可在最终结果出来之前的过程却无比漫长且困苦难熬。

在这段时间里，王永民强忍着肾结石的剧痛，聘请了几名待业青年，帮他抄录卡片，并做统计分析。他前后共制作了 12 万张卡片，摞起来足有 12 米高。

他当时的工作室是 2 间连通的约 12 平方米的屋子。其中一间放着漆面剥落的工作台，那是用 2 张办公桌拼成的。工作台上下，堆放着一摞摞卡片和各种书籍本册。另一间放着一张窄窄的木板床，床边的地上散放着碗筷、咸菜、干馒头和热水瓶，还有一个中药罐散发着浓浓的药汤子味儿，旁边还放着几包中药。就是在这里，王永民没日没夜地工作了整整 5 个年头。

因为，即使减少一个字根，王永民就要把已经筛选出来的 7000 多

王永民在研究汉字
输入法（1981 年）

个汉字重新编码并反复验证检查；即使压缩一个键
位，也必须把之前排列组合好的数以万计的键位推
倒重来。这还只是汉字字根的排列组合，一旦出现
重码，就要寻找新的解决方案。

　　从 138 键、90 键、75 键、62 键逐渐减少到 36 键，王永民用了整整 4 年时间，终于在 1983 年，基本确定了 26 键五笔字型输入法。

　　1980 年 7 月，在武汉汉字编码学术会议上，王永民公布了 62 键方案。得知此事的河南省副省长兼省科学技术委员会主任罗干，当即拍板将这一课题纳入河南省重点科研项目，拨付了 10 万元的科研经费，并配备了一台进口电脑。王永民当时激情澎湃地立下"军令状"："保证完成任务！如果完不成，我就跳进黄河去。"

　　但在数月后，当王永民自制的 62 位土键盘与进口的洋电脑对接时，却遇到了"土洋不能结合"的问题。

　　在此后一年多的时间里，王永民继续攻关，将 62 键压缩到 48 键、36 键。

　　1982 年冬，王永民带领团队到保定华北终端设备公司检验 36 键方案的效果。当电脑屏幕上一行行白色汉字显示出来时，他知道，新的方案成功了！但他仍不满足，因为他发现，汉字的输入速度低于英文的输入速度。要想与英文的输入速度媲美，就要放弃刚刚成功的 36 键方案，再进行一轮新的排列组合，与英文的 26 键完全契合。有了多次的经验积累，又经过 2 个多月不眠不休的奋战，26 键键盘终于诞生了！

　　1983 年，王永民发布了世界上第一张《汉字字根组字频度表》和《汉字字根周期表》。同年 6 月，《五笔字型汉字编码方案》出台，宣告了五笔字型的理论依据与技术可行性。

　　一年后，在南阳的现场演示会上，来自全国各地的通信、电脑、汉字编码专家，亲眼见证了每分钟输入 96 个汉字的奇迹。郑易里老先生泪洒现场，他高兴地喊出一句话："汉字输入不能与英文输入同日而语的时代已经结束了！"

五笔字型输入法实现了汉字输入与 26 个英文按键的"无缝连接"。这一步具有非凡的意义，它使汉字迅速跨入信息化时代。中华文明的根脉在新的技术成果上发扬光大，跟上了时代创新的步伐。

随后的 1984 年，是王永民的事业极为辉煌的一年。

就是在这一年，新华社多次发表文章，并赞誉五笔字型编码是"不亚于活字印刷术的发明"。

就是在这一年，王永民应邀到联合国总部演示讲学。微软、IBM、惠普、苹果等公司先后购买了"五笔字型"的专利使用权。

就是在这一年，王永民被评为"全国十大新闻人物""国家级有突出贡献的中青年专家""全国优秀科技工作者"。

满怀激情，直面挑战

王永民并没有被荣誉冲昏头脑，更没有熄灭胸中的激情。五笔字型汉字编码的成功问世，只是漫漫征途的第一步。或者说，这时的成功仅仅是实验室里的成功，并非实际应用上的成功，因此也称不上真正意义上的成功。只有全国绝大多数人会用，用得好，才是成功。

接下来，王永民要做的就是把这项被人们称为"具有里程碑意义"的成果推向全国，让人们真正用起来，而且是让大多数人用起来。

1985 年春，迎着凛冽的寒风，王永民独闯北京，他要从这里打响五笔字型市场应用推广的"第一炮"。他自筹的一点儿资金实在有限，只能每天花 7 元钱，在府右街统战部招待所地下室，租了一个十几平方米的房间，开设了第一个五笔字型推广站。

那时，凡是有人请他讲五笔字型输入法，不管是什么情况，他都一概答应。他骑着一辆破旧的自行车，啃着馒头夹咸菜，有时候甚至连馒头夹咸菜也顾不上吃，在近 2 年的时间里，跑遍了中央部委、研究机构等 100 多个地方。同时，他改进了编码方案，完成了一次版本升级。在他的不懈努力下，五笔字型输入法走进了党中央、国务院，以及外交部等部委。到 1986 年年初，五笔字型输入法已成为我国最受用户欢迎、应用最广泛的电脑汉字输入技术。

在五笔字型输入法以明显优势领先的时候，王永民遭受了一次突如其来的打击。

在一次汉字输入法评测中，大会宣布的 11 个"A 类"方案里竟没有五笔字型输入法的一席之地！

原因更让人震惊，说"五笔字型"小组现场作弊，没有评选资格！

真相是，"五笔字型"小组的一位成绩较好的操作员，在替补时无

王永民工作照
（1985年）

意中错打了被替补者的评测编号，被组织者当场宣布作弊。王永民据理力争，主办方答应将此次测试成绩算为零分，不影响最终的结果。但在宣布最终结果时，却出尔反尔。"王永民是骗子，搞舞弊，弄虚作假"的新闻，刹那间飞遍全国。

河南省科委计算中心某领导为此写了一封亲笔信，要求王永民做检查。王永民身边的助手们因为承受不住这么大的社会压力，纷纷离他而去，另谋出路，只有常胜敏一个人留在了他身边。

　　工作中从不流泪的王永民，此时流着泪写下了6000字的悲愤文字，作为自己的遗嘱。

　　此文的最后写道："我的身体像一支蜡烛，燃烧将尽，随时可能衰竭。虽然我的事业被暂时扼杀了，但我坚信，科学是不可战胜的！烧死布鲁诺的大火，未曾使地球变成发光的太阳，而地球也绝不会变成宇宙的中心。科学既不能抹杀，也不能长期伪装！历史必将让'五笔字型'放出光华！"

　　即使是准备告别人世的文字，也闪耀着他悲鸣的激情！

　　事实胜于雄辩，历史是最好的老师。仅仅一个月后，1986年6月，全国首届计算机应用展览会在北京展览馆开幕。王永民顶着压力，拖着病体，在A类方案可连展一个月，"五笔字型"只能展示3天的情况下，再一次回到了汉字输入法竞争的最前列！

　　6月22日，《全国计算机应用展览会会刊》第5期刊出了一则轰动性消息："许多人不到10分钟就学会了五笔字型输入法，目击者无不为它的易学性和科学性所折服。几天来，王永民的42号展台简直成了技术交易市场的'王府井'。"

　　1986年8月的一天，时任全国总工会副主席的罗干，到王永民工作和居住的府右街135号地下室，看望并鼓励王永民。随后，原河南省委第一书记、主持过我国第一颗原子弹研制工作的刘杰同志，以及河南省科学技术协会的领导们，都先后"雪中送炭"。王永民的用户们、朋友们、老师们，不仅帮着他治疗病体，而且还提出新版本升级的办法。

好消息接踵而至。

天津天通办公自动化公司决定把五笔字型输入法固化在它们生产的打字机上。

美国数字设备公司（DEC）与王永民签订了购买五笔字型专利使用权的合同。

外交部办公厅的杨君，使用五笔字型输入法创造了每分钟输入 169 个汉字的新纪录。

1986 年秋，联合国总部的官方中文文件全部使用五笔字型输入法。

1987 年 9 月，五笔字型输入法在第三届全国发明展览会上获得汉字应用金牌。

王永民（左一）与
美国数字设备公司
（DEC）领导洽谈合作
（1987 年）

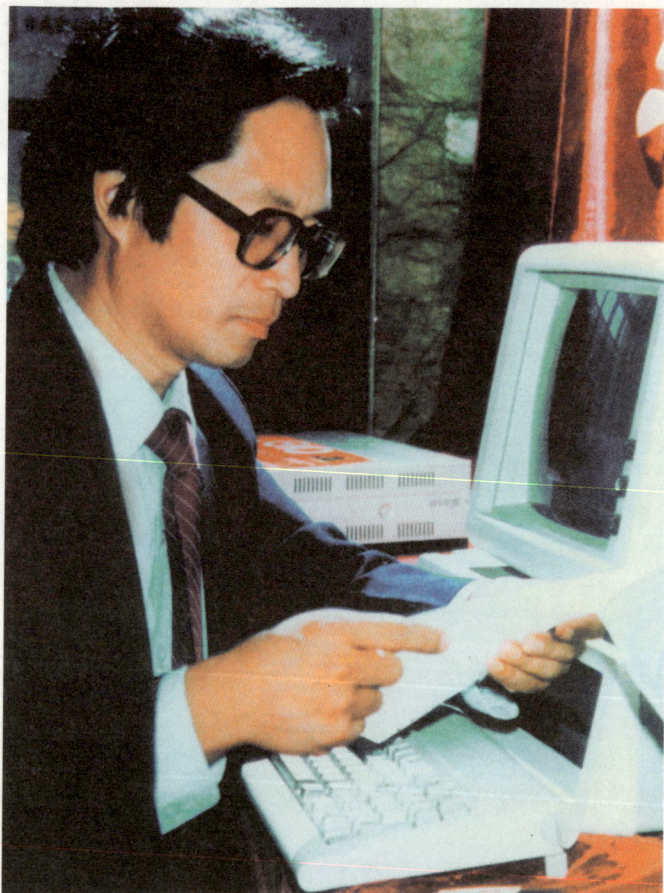

王永民在第三届
全国发明展览会上
（1987年）

　　王永民并没有停步，1988年5月，就在国务院
授予他"全国劳动模范"称号后一个月，他首创发
布了"王码繁体汉字电脑系统"。

"五笔字型"专利权诉讼从胜利到失败

随着"五笔字型"被广泛应用，人们将之称为"王码"。此后，"王码"也成为"五笔字型"系列汉字、编码技术和诸多产品的代名词。

王永民顺势而为，注册了北京王码创新网络技术有限公司（以下简称"王码公司"）。

此时，"王码"已在全国处于绝对领先地位，但王永民仍在不停地对五笔字型输入法进行改进，不断创新版本。最显著的效果是输入速度不断提高，从每分钟 160 字，提高到每分钟 240 字，再从每分钟 240 字提高到每分钟 270 字以上。而每分钟 270 字的输入速度已经比英文输入速度快了 2 倍。

尽管王永民激情不衰，但总感觉时间不够用。为此，他为自己制订了时间分配的"三三制"：1/3 时间用于继续寻求技术创新，1/3 时间用于将新技术产品化，1/3 时间用于继续做推广应用，唯独没有安排休息的时间。

与技术创新和技术转化相比，王永民深感市场推广中的"盗版"情况更难处理。

五笔字型及其软件
获金奖（1992 年）

　　生产计算机和汉卡的厂商都预装了五笔字型输入法，但没有一家厂商向王码公司支付专利费。

　　王永民首先想到的是，运用法律武器捍卫自己的权利。北京市中级人民法院接到王码公司的申诉后，在 1993 年做出一审判决，宣布王码公司胜诉：五笔字型第 3 版专利权完全覆盖五笔字型第 4 版。

　　1995 年 2 月 10 日，北京市海淀区人民法院知识产权庭成立。王码公司最终胜诉的可能性似乎大增。

　　但在 1997 年，北京市高级人民法院宣布了二审判决结果，与一审判决结果来了一个大反转：五笔字型第 3 版专利权不能覆盖五笔字型第 4 版，王码公司败诉。

　　5 年心血，一朝付诸东流。这在强调保护知识产权的今天是无法想象的，但在当年却是残酷的事实。

判决的结果无法改变，但它带来的"后遗症"却极为巨大。

自此，王码公司的经营快速滑落。因为败诉，公司的银行账号、办公地点被查封。

"阳光、空气和王码，是中国三大免费使用的东西"，这句当年广为流传的话，可谓极大的讽刺。

对此，王永民只有自嘲："我是一介书生，不善于经商，不善于管理。"

创新无止境，"数字王码"进入移动时代

王永民是击不倒的。

1997 年，"五笔字型"专利权案败诉，1998 年，王永民就推出了"98 王码"。

98 王码解决了汉字简繁体输入如何切换这一大难题。

王永民在一次节目中透露了解决问题的灵感来源。他说，灵感来自英文字母的大小写切换，从而找到了解决问题的办法。具体说，时间在 1996 年冬，地点在美国纽约的一条大街上。他看到了麦当劳的牌子，字母 M 很大，字母 c 却很小。激情和智慧的火花一下子被点燃了。

只要切换大小写，同一个键就可以打出来同一个字母的大小写。

这样就简单了，只要"洋为中用"，简繁体不同的部分就清清楚楚地区分开了。用他的话形容，"真是天助我也！"

最后一层窗户纸往往就是这样捅破的！

随着手机尤其是智能手机的出现，五笔字型的 26 键已不能解决手机用五笔字型输入法输入汉字的问题。而向王永民直接提出这个问题的是一位在首都机场工作的女士。

1998 年秋，王永民在首都机场正准备过安检去新加坡，一位女士请他签名，并说："王教授，您发明的五笔字型解决了我们安检录入的大问题，可现在，我要一只手拿着护照，另一只手打字录入，26 键用起来就出现了困难，您能不能再发明一个只用数字键输入的方法，那样我们工作起来就轻松了。"

用户的呼声就是必须解决的问题。王永民在飞行途中一直琢磨这个问题，但并没有头绪。飞机飞到新加坡上空时正值夜晚，上面是璀璨星光，下面是灿烂灯火，天地之间完全被黑暗笼罩，面前的景象再一次激发了他的灵感，他称之为来自"天地间的灵感"，办法就是"只要两头，忽略中间"。由此，"首部－余部"取码法横空出世，汉字"数字化编码"理论难题就这样被突破了。

2004 年 6 月底，王码公司宣布：王永民花费 5 年时间及 1000 多万元，申请了 5 项专利，创新推出了只用 6 位数字键、每个人只要花费 5 分钟就可以掌握的"数字王码"输入软件。

这是我国汉字输入领域第一套具有自主知识产权的数字输入专利

技术。

之后，王永民将"数字王码"软件与硬件相结合，搭载自主研发的王码芯片，发明了王码打字微电脑——键字通。

2006年12月，王码公司研发的"数字王码"手机专用软件——"王码春雨"正式发布。这款高效、简易的软件，个人用户可以免费使用。

王永民的一系列创新发明，都是在增强我们民族的文化自信。

他将自己的本质定义为，充满激情地去创造新的东西，正如他撰写的一篇文章的标题——天地恰与我胸宽！

他曾感慨："在'五笔字型'研究和发展的漫长征途上，曾发生过很多故事，这是由多种因素造成的，一项新发明要让社会一下子都接受是不可能的。过去的就让它过去吧。随着科技体制改革的深入发展，旧的问题少了，新的矛盾还会出现。但是，只要我们心高志远，勇于实践，定能走出新的路来。"

1997年，适逢五笔字型发明15周年。王永民在医院的病床上，吟诵出如下激情澎湃的词句：

十五春秋王码路，

老去书生，

冷热凭谁诉！

过眼烟云留不住，

归来把酒约君晤。

华夏文明不老树，

几度东风，

广厦淋甘露。

万马奔腾杀声暮，

红旗漫卷花开处。

王码五笔字型荣获
国家技术发明奖

孙永才

交通强国的奋斗者与追梦人

文/矫 阳

人｜物｜小｜传

孙永才，男，汉族，中共党员，1964 年 11 月出生，吉林长岭人，中国中车集团有限公司党委副书记、董事、总经理，中国中车股份有限公司党委副书记、执行董事、总裁。

他是我国轨道交通装备技术创新和产品升级换代的主要组织者和学科带头人，2004 年开始主持研制大功率机车和高速动车组列车，通过自主创新，掌握了动车组九大关键技术和十项配套技术，"复兴号高速列车迈出从追赶到领跑的关键一步"，把复兴号打造成新时代的"国家名片"。参与统筹实施南北车重组整合工作，开创了国内两家同为"A+H"上市公司重组的先河，为央企重组和改革发展探索出了全新模式。

荣获国家科学技术进步奖一等奖。2018 年 12 月，被授予"改革先锋"称号。2019 年 9 月，被授予"最美奋斗者"称号。

1987 年 7 月，盛夏，一位刚刚毕业的 22 岁大学生，两个肩膀来回倒腾着沉重的行李，他要从长春乘火车去大连机车车辆厂报到。衬衫被汗水和尘土浸得变了颜色。600 多千米的车程，绿皮车"晃"了足足 14 个小时。

2018 年 12 月 18 日，庆祝改革开放 40 周年大会在人民大会堂隆重召开，这位当年的大学生被党中央、国务院授予"改革先锋"称号，颁奖词为："复兴号"高速列车研制的主持者。现在的他已经成长为中国中车集团有限公司（以下简称"中国中车"）的总经理，他叫孙永才。

回想起当年挤绿皮火车去大连机车车辆厂报到时的情景，孙永才说，就感觉到"慢、热，心里头就焦躁，那时候就在想我们什么时候能坐上更快、更舒适的列车"。就在孙永才从业的这些年里，中国铁路发生了翻天覆地的变化，高速铁路网络在全国延伸，时速 350 千米的"复兴号"动车组成为中国的名片，他当年梦想的更快、更舒适的列车已经成为现实。而他本人作为中国铁路大变革的一分子，在推动这个梦想变成现实的过程中发挥了重要的作用。

改革开放 40 年来，中国铁路运营里程从 5.17 万千米增长至 12.7 万千米，高速铁路从 0 跃升至 2.5 万千米，从普速列车到时速 350 千米的"复兴号"动车组，轮轨延伸之处，时空距离尽数缩短，人民生活方式发生巨大变化，中国城市集群效应不断显现，国家经济版图不断被重塑。"正是改革开放赋予的创新潜能，让我们在发展道路上不断刷新中国速度的奇迹。"作为行业领军人物，中国中车总经理孙永才参与和见证了中国轨道交通行业的恢宏变迁。

扎根梦想：立志投身我国轨道交通事业

大学时代的孙永才

孙永才从小生活在吉林农村，1980年读高中以前，没有看见过真正的火车，他对火车的认识都是从《铁道游击队》《戴手铐的旅客》等电影中获得的。上高中时，他才有机会看到真正的火车。每次看到火车奔驰远去的庞大身影，都会激起他无限的憧憬，从那时起他就对轨道交通事业有了美好的向往，所以在高考填报志愿时，他选择报考了大连铁道学院（今大连交通大学），想着将来不仅能坐火车，还能造火车。

大学期间，孙永才多次乘火车往返于长春和大连之间，体验着绿皮车的慢、热、脏、挤。当时，我国铁路运力严重不足——铁路客运平均时速仅为43千米，铁路货运日装车量只能满足最高铁路货运需求的1/3，严重制约了国民经济的发展。放眼国外，欧洲、日本的高速列车时速近 300 千米，美国、澳大利亚等国的重载列车载重量可达 4 万吨。从那时起，一个朴素的理想就在孙永才的心里扎下根来：毕业后，要投身我国铁路事业，为我国轨道交通事业的发展贡献力量。因此，在校期间，孙永才学习非常刻苦，并光荣地加入了中国共产党。

1987 年 7 月大学毕业后，孙永才被分配到素有"机车摇篮"之称的原铁道部大连机车车辆厂（现中车大连机车车辆有限公司），主要负责柴油机机体加工及相关重要部件的工艺设计工作。时值我国内燃机车转型升级的攻坚时期，怀揣着拉近我们与世界距离的梦想，一入厂，孙永才就全身心地"泡"到

刚刚参加工作的
孙永才

柴油机机体等产品的工艺技术研究中，与工友们一起研究工具工装、破解生产瓶颈、提升产品质量，短时间内掌握了机体加工工艺，并组织优化了工艺流程，生产效率提高 10% 以上，老师傅们都亲切地称他为"才子"。1995 年 8 月起，孙永才先后担任机械二车间副主任、主任，当时正值多款新型柴油机研制生产交叉进行的关键时期，经过技术改造和工艺改进，产品产量由月产十几台提升到月产 30 台以上。

激荡热土：奋斗浇灌轨道交通装备梦想

重载运输是国际上公认的铁路运输尖端技术之一。我国 20 世纪 80 年代才开始发展重载运输，比欧美发达国家晚了 30 多年。实现追赶和超越，成为孙永才这一代铁路人的使命和责任。1997 年，中国铁路跨世纪大提速的序幕正式拉开，此后 10 年间，连续 6 次大提速不断刷新世界对中国铁路的认识，从"大重量、高密度、中低速度"到"快速度、大重量、高密度"，中国铁路发展迈入全新时期。横跨东西、贯通南北的庞大铁路网让天堑变通途、万米成一瞬，深刻影响着上至国计民生的国事，下到衣食住行的家事，拉动中国跨入一个激荡奔腾的新时代。

在原铁道部的主持和组织下，一大批铁路干线、铁路复线及干线电气化改造项目快速启动。时任工厂副厂长的孙永才敏锐地觉察到这将是企业发展的崭新机遇，要从传统直流技术向交流传动技术"交直并重"转变，从单一内燃机车向电力机车"内电并举"跨越。在他的带领下，工厂引入国际先进的高新技术和数字化加工设备，向着内燃机车技术改造和电力机车转型升级的目标阔步迈进。在不到 3 年的时间里，首台韶山 7E 型交直流机车、首台时速 120 千米货运交流电力机车及"金轮号""普天号"内燃动车组在这里诞生，创造了让外商吃惊的"中国速度"。

2004 年年初，国家通过《中长期铁路网规划》，一场波澜壮阔的铁路建设热潮快速启动，轨道交通装备领域迎来了技术引进、消化吸收再创新的历史

孙永才在工作

契机。原铁道部坚持优中选优，进行技贸结合和技术引进，大连机车车辆厂成为主要承担企业之一。此时的孙永才作为工厂转制为公司的中车大连机车车辆有限公司主管副总经理，意识到一个大有可为的春天到来了。

按照"先僵化，后优化，再固化"的思路，首先要完完整整地理解消化引入的技术，不折不扣地执行标准要求；其次要在"知其然更知其所以然"的基础上进行改进和优化，实现再创新；最后在此基础上把再创新成果转化为完全适应国内机车车辆指导研发制造的标准要求，实现先进技术从"为我所用"到"唯我适用"。

只有亲身经历的人才能体会，这条道路是多么饱含艰辛！

2004 年，原铁道部启动 60 台 7200 千瓦交流机车招标。事关企业未来发展，孙永才带领团队做了事无巨细的准备，并与外方厂商组成联合体参加竞标。然而，由于多种原因，首次竞标进展并不顺利。第二次竞标迫在眉睫，孙永才搭飞机赶赴厂家，本着双方互利共赢的原则，他与外方厂商共同协商，依照投标要求逐项梳理、认真核算，"一个标点、一个小数点都不能有差池"，最终竞标成功。这次"意料之外"的磨炼为企业日后的技术引进积累了宝贵的经验。

唯其艰辛，方显勇毅。在技术引进的过程中，碰硬求细、啃"硬骨头"的故事比比皆是，但孙永才深深知道，企业要实现长期发展，引进技术与外方实现合作共赢只是起点，全面提升自主创新能力才是关键。5 年时间里，在原铁道部的指导下，他带领技术研发团队，联合铁路局和科研院校，投入"大功率机车关键技术研究及装备研究"项目，在大功率柴油机、牵引变流装置等关键技术领域联合攻关。从单轴功率1600千瓦的六轴大功率电力机车，到带直供电客货通用六轴大功率交流谱系机车，具有完全"中国基因"的机车产品相继问世。到2008年，大功率交流内燃机车、大功率交流电力机车两大技术平台先后落成，我国机车技术跨入国际先进行列。在孙永才的带领下，中车大连机车车辆有限公司也迅速跻身我国大功率电力机车主要生产单位，成为铁路大提速的主力车型生产企业。2010年11月，由他牵头的"六轴7200千瓦大功率交流传动电力机车的研发及应用"重点项目荣获国家科学技术进步奖一等奖。

孙永才在生产现场调研

　　时至今日，机车在我国客运、货运领域持续发挥着举足轻重的作用。2014 年 4 月，一列由 4 台电力机车牵引、编组 320 辆、满载 3 万吨煤炭的试验列车在大秦（大同—秦皇岛）铁路完成运营试验，使我国成为世界上仅有的几个掌握 3 万吨铁路重载技术的国家之一。在孙永才等铁路人的努力下，我国铁路重载运输跨入世界先进行列。

创新驱动：投身高铁飞驰的黄金时代

　　唯改革者进，唯创新者强。党的十八大以来，科技创新成为以习近平同志为核心的党中央治国理政的核心理念之一，创新驱动成为中国发展的核心战略。2015 年以来，习近平总书记 3 次视察中国中车，对企业创新做出重要指示，鼓励企业创新驱动、领先领跑，依托自主创新立于不败之地。原铁道部、国家铁路局等铁路部门将技术创新纳入铁路建设中长期规划，大力完善铁路技术标准体系，组织行业科技创新。从国家战略到行业标准，创新驱动发展成为公认的主题。

　　时至今日，中国中车已经形成了包括高速动车组、机车、客车、货车、城市轨道车辆在内的完整的产品谱系，能够充分满足全球轨道交通不同模式、不同运量、不同环境的运行要求。"中国中车能取得今天的成就，核心支撑就是创新，创新强则企业强。"孙永才说。

2003年"非典"期间，孙永才在出口机车装船码头接受中央电视台采访

2004年，中国中车按照国务院"引进先进技术，联合设计生产，打造中国品牌"的总体要求，在原铁道部的组织下，对国外高铁技术平台进行"引进消化吸收再创新"，积累了丰富的技术与经验。为了避免陷入"市场换技术"导致"引进再引进"的怪圈，2008年，原铁道部与科技部联合实施《中国高速列车自主创新联合行动计划》，中国高铁进入全面自主创新的黄金时代。

时任中国北车股份有限公司（以下简称"中国北车"）副总经理、总工程师的孙永才，投入到新一代CRH380高速动车组的研制工作中。这是一项没有任何国内外经验可借鉴的庞大工程。2008年，举世瞩目的京沪高速铁路开工建设，并计划在3年后开通运营。世界首条时速 350 千米速度等级的高寒高速铁路——哈大（哈尔滨—大连）高铁也正处在如火如荼的建设中。CRH380 将作为两条线路运营的主力车型，其研制可谓难关重重。

为推进 CRH380 动车组的研制，孙永才提出"协同创新"的顶层设计理念，搭建起"两厂三地"协同创新模式，来自 25 所重点高校、11 所一流科研院所、51 家国家级实验室和工程中心的上万名工程技术人员组成了国家级研发团队，集中力量攻克核心技术难关。在两年多的时间里，孙永才穿梭于紧张的研发设计现场、繁忙的生产线、大山腹地的试验线，问问题、听汇报、提思路、作部署，技术人员"掘地三尺"的较真劲儿在他身上体现得淋漓尽致。

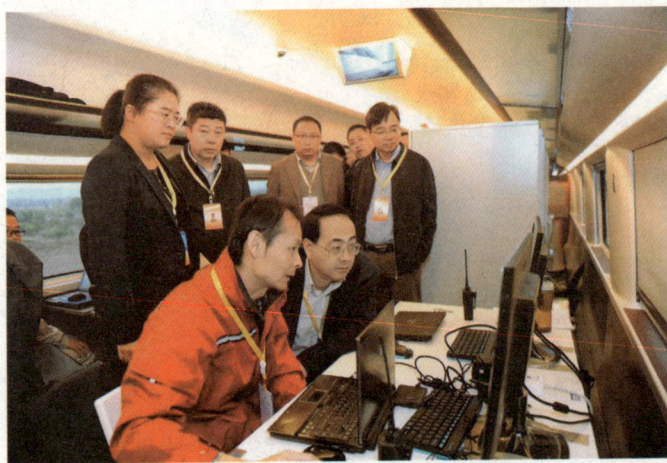

2015 年 10 月，孙永才在大西线高速铁路试验段指导"复兴号"中国标准动车组试验

在他的统筹策划下，异地协同设计平台充分发挥了资源联结作用，动车组研发周期一举缩短了40%。

2010年5月，CRH380高速动车组惊艳问世。试验结果表明，动车组的运营速度、安全性、舒适性和节能环保等指标满足设定的顶层技术指标要求，达到了世界先进水平，其中CRH380BG型动车组攻克六大关键抗高寒技术，成为世界首列在零下40摄氏度环境中以时速300千米等级运营的动车组。"协同创新"成为经典的集成创新模式，在国内项目甚至中俄高铁等海外项目的研发中屡建新功。

"关键核心技术是要不来、买不来、讨不来的"，只有持续不断地创新，才能掌握主动权，立于不败之地。

2018年9月，孙永才在柏林轨道交通展上介绍中国中车最新技术

2014 年，在中国铁路总公司的牵头组织下，中国中车首次以中国标准为主导，按照正向设计思路，以自主化、简统化、互联互通、技术先进为目标，开启了时速 350 千米中国标准动车组的研发工作。孙永才再次参与到"复兴号"研发"联合战舰"的组建和统筹工作中。

"复兴号"的研发联合了众多科研机构、高校、国内企业，形成了以企业为主体，"政产学研用"深度融合，开放、协同、一体化、全球协同的技术创新体系。其间，孙永才深入各研发单位，密切关注和跟进研发节点与试验进程，组织研发团队在掌握动车组九大关键技术和十项配套技术的基础上进行优化提升，解决了一系列重大技术问题和世界性难题。历经 503 项仿真计算，5278 项地面试验，2362 项线路试验，"复兴号"终于问世。经专利审查，中国标准动车组具有完全自主知识产权。"'复兴号'的研制不仅是开发了性能优越的产品，更重要的是创建了中国标准的技术体系，构造了具有完全自主知识产权的供应链体系，形成了国际竞争的核心竞争力。"

2017 年 9 月 21 日，"复兴号"动车组在京沪高铁以时速 350 千米运营，我国成为世界上高铁商业运营速度最高的国家。在 2018 年 5 月的两院院士大会上，习近平总书记称赞"复兴号高速列车迈出从追赶到领跑的关键一步"。

改革先锋：为企业发展打造强力引擎

2008 年，国务院批准了《中长期铁路网规划》调整方案，明确提出到 2020 年全国铁路营业里程达到 12 万千米以上。原铁道部紧紧抓住黄金机遇期，加快推进高速铁路、城际铁路及普速铁路建设，轨道交通装备制造行业踏入发展快车道。

乘着铁路事业发展的东风，中国南车集团股份有限公司（以下简称"中国南车"）和中国北车紧锣密鼓筹备 A 股、H 股上市。时任中国北车总工程师的孙永才被委以重任，他不仅要全面掌握企业技术状况，还承担起了繁重的境内外路演工作，从国家战略、行业形势、发展目标等方面对投资者反复阐述，"让投资者充分相信我们的技术实力，相信我们有广阔的市场前景"。A 股、H 股的成功上市让孙永才感受到沉甸甸的责任，"要做优做强做大轨道交通装备事业，让它成为党和国家更信赖、百姓更依赖的中坚力量，这一使命任重道远"。

党的十八大以来，"推进国资国企改革"成为深化基础性关键性领域改革的重大命题。承担起上为大国重器、下担产业引擎的重任，培育具有全球竞争力的世界一流企业，成为装备制造业的目标。2014 年下半年，在党中央、国务院和国务院国有资产监督管理委员会的领导

2017年，孙永才在"复兴号"
动车组生产现场检查工作

下，中国南车、中国北车重组整合工作拉开帷幕。在这一日后被公认为央企改革范本的事件中，孙永才与两集团领导班子成员作为筹备组成员，全身心投入千头万绪的重组工作中。

"这是中国轨道交通装备业提高产业集中度、增强核心竞争力、打造世界一流跨国企业的里程碑，将有利于国资增值、国际竞争和国力增强。"孙永才忆及重组往事时说。然而，两家企业资产规模大、职工人数多，且都是横跨沪港两大资本市场的上市公司，其重组整合影响因素复杂，操作难度大，市场风险高。在没有先例可循的情况下，孙永才与筹备组成员认真研究国内外产品市场、资本市场法规与诉求，与主要用户反复磋商技术、市场相关事项，细化重组整合方案，并开创了"对等合并"的重组方式，"让政府、市场和重组双方准确认识、充分支持重组整合，让轨道交通装备事业获得更好的发展环境，这是终极目的"。前后历时5个月，合并方案最终赢得各方的高度认可。

2015年6月8日，中国中车股份有限公司在沪港两地鸣锣上市。同年9月28日，中国中车集团公司正式成立，历时将近一年的重组工程圆满竣工。"以轨道交通装备为核心，跨国经营、全球领先的一流企业集团！"中国中车甫一成立便宣告了发展定位，承载着中国轨道交通装备走向世界梦想的"巨型航母"正式扬帆起航。作为深化国企改革的先行者、探路者和实践者，中国中车的成立为中央企业重组整合探索出了一套可复制、可推广的模式。

2019年3月，孙永才
在中国发展高层论坛
上发表讲话

中流击水，奋楫者进。

2017 年，孙永才出任中国中车集团公司总经理、党委副书记。技术专家担当企业管理者，有时会出现注重技术而忽视管理的情况，但孙永才始终坚持企业必须依靠技术创新和管理创新两条腿走路的原则。"建设世界一流的企业，要有世界一流的管理！"企业发展，方向至关重要。孙永才带领团队深入基层企业调研，4 个月走遍中国中车旗下百余家公司，从几十项经营业务中分析归纳出核心业务、支柱业务、支撑业务等五大板块，作为支撑企业发展的四梁八柱。从组织制定工作规划到亲自撰写业务改革方案，从部署企业改革任务到指导改革方法，孙永才投身"立柱架梁"的繁复工作，多项顶层规划迅速出炉，科技、管理、业务整合等多个重要方案落地见效，"让内外部优质资源为中车所用，才能激活创新创造的一池春水"。

改革争在朝夕，落实难在方寸。孙永才对企业的管理模式、组织形式及市场经营方式进行了多维度创新。产品研发制造周期紧张甚至超期，这个问题一度成为中国中车多个子企业的困扰。孙永才赶赴主要企业进行调研，发现各业务管理流程仍然依靠传统方式进行信息输入，导致资源配置不能及时到位。他主导将信息化引入企业管理，建立起覆盖各主要业务流程的数字化运营平台，并在全部生产企业推进精益管理。这一颇具力度的管理改革措施取得了显著成效，新产品开发及技术准备周期缩短 30% 左右，工艺管理效率显著提升，供产销率大幅提高，资源占用率大大降低，还引发了一场波及整个产业链的管理大提升，为推进"中车制造"转型升级打下了良好基础。

抓党建就是抓发展，孙永才任职党委副书记后对这一理念有了更深刻的理解。"必须发挥百年企业红色基因和优良传统的力量，让拥有 18 万员工的中国中车焕发勃勃生机！"孙永才说，中国中车正在推进"双打造一培育"的大工程，他本人也在参与党建"九个一"工作，"目的就是打造中车制造和中车党建两张金名片"。

2018 年 1 月 20 日，第十三届中国上市公司"金圆桌奖"颁奖盛典在京举行，孙永才荣膺"最具领导力 CEO"大奖。作为聚焦中国董事会制度建设和公司治理领域的高端公益品牌项目，这一奖项旨在对企业营收、经营效绩、价值创造等进行权威评估，褒扬优秀的上市公司 CEO 群体，是评价中国上市公司治理水平的重要"风向标"。

放眼全球：做"走出去"的先锋

目前，全球铁路运营总里程已超过 140 万千米，铁路领域国际合作交流不断深入。在政府的主导下，从原铁道部、国家铁路局、中国铁路总公司到以中国中车为代表的业内科研单位，全力推进跨国家、跨地区、跨大洲的铁路领域合作。仅 2013 年以来，已经与俄罗斯、印度尼西亚、欧盟等"一带一路"沿线多个国家和地区达成了重要合作意向。40 年间，从"引进来"到"走出去"，在国际化道路上，中国铁路正实现着世界瞩目的飞跃。

"作为国家名片的铸造者，中国中车理应当仁不让地担当起'一带一路''走出去'的先锋军和形象大使。"中国中车的成立为高端装备"走出去"创造了握指成拳的先发优势，然而让出口产品和市场实现从中低端到高端的升级，让中国中车从产品供应商跃升为以高端装备为核心的全价值创造者，实现从"走出去""走进去"到"留下来"的转型，孙永才深知这是一项久久为功的工程。在经济全球化的浪涌之下，资源处于大流动、大调整、大聚集的状态，只有拥有整合和集聚全球资源的能力，才能拥有核心竞争力。

孙永才将中国中车的国际化战略定义为"产品＋技术＋服务＋资本＋管理"五要素合一的经营模式。澳大利亚墨尔本地铁项目正是中国中车在发达国家实现由产品输出向五要素综合输出的典范。2016 年 11 月，中国中车与澳大利亚唐纳集团（Downer Group）、普莱纳里集团（Plenary Group）等公司组成的联合体，以 PPP 模式中标澳大利亚墨尔本高运量地铁车项目合同，总金额达 20 亿美元。该项目是维多利亚州政府有史以来最大的地铁车辆采购项目，同时这也是一次地方政府、民众、地铁运营商、地铁制造商、地铁维护商、融资方等相关各方共赢的合作，被公认为中国中车海外转型的典型案例。2017 年 11 月，中国中车在墨尔本设立亚太总部和分研发中心，"走出去—走进去—留下来"再次迈出坚实的一步。

为了更好地输出中车方案，孙永才近年来持续推进"五本"（本土化制造、本土化采购、本土化用工、本土化维保、本土化管理）模式建设，"为当地创造的每一分价值，都将转化为中车的品牌和口碑"。在马来西亚、东盟、美国、土耳其、印度等国家和地区，CRRC（中国中车）制造基地拔地而起，带动了当地就业和产业链的完善；为麦加朝觐提供 5+2、白加黑、7 天 168 小时"不打烊"的运营保障；为巴西、阿根廷、埃塞俄比亚提供极具人文关怀的定制化产品……"我们输出产品，也输出服务、输出技术、输出管理、输出文化，实现中车和当地的共赢共享。"

　　在 2018 年全国 500 强企业高峰论坛上，孙永才提出中国中车国际化经营的"五步阶梯"策略："通过走进、站稳、安营、融入、共享这五步阶梯，为用户提供智能交通、智慧城市、数字社会、生态环保的系统解决方案。"2014 年，中国中车在南非成立合资企业，在当地建立了制造基地、研发中心、培训基地及维保中心，项目产品本地化率超过 60%。除了发展的共建共享，文化与感情的认同带来了更大的惊喜。为了得到更多认同，中国中车在南非推出了"五帮行动"，为当地招聘的工人提供技能培训，教当地的妇女和儿童学文化，甚至邀请中国武僧向当地警察传授中国功夫……"五帮行动"在南非各界好评如潮。

2018 年 7 月，孙永才参加智能高铁发展暨京津城际铁路开通十周年论坛

2018年7月，孙永才在智能高铁发展暨京津城际铁路开通十周年论坛上发言

目前，中国中车产品已经服务至 100 多个国家和地区，基本覆盖了"一带一路"沿线国家，在全球 26 个国家和地区设立 83 家境外子公司和 15 家境外研发中心，全球资源配置能力逐步增强，国际经营能力稳步提升。

从科技人才到行业领军人物，从管理人才到央企主要负责人，从"国家科学技术进步奖一等奖获得者"到"最具领导力 CEO"，孙永才始终追随着中国轨道交通事业的脉动。目前，伴随京张（北京—张家口）智能高铁动车组、时速 600 千米高速磁浮、新一代碳纤维地铁车辆等前沿项目一个接一个落地，孙永才的目光已经聚焦到了下一个目标上。

关于使命与责任，孙永才说，站在改革开放 40

周年的历史节点上，作为国家轨道交通领域的中坚力量，必须将习近平总书记对中国中车的指示与期待转化成中国中车发展的奋斗目标、行动纲领和奋斗路径，全力发动改革创新、科技创新的强大引擎，加快培育具有全球竞争力的一流企业，为实现科技强国、交通强国战略目标提供装备支撑。对此，"我们责无旁贷，并且使命必达"。

陈景润

永不停歇的攀登者

文/孟 醒

人|物|小|传

　　陈景润，男，汉族，无党派人士，1933年5月出生，1996年3月去世，福建福州人，中国科学院原数学研究所研究员，中国科学院原学部委员。

　　他在逆境中潜心学习，忘我钻研，取得解析数论研究领域多项重大成果。1973年在《中国科学》发表了"1+2"详细证明，引起世界巨大轰动，被公认是对哥德巴赫猜想研究的重大贡献，是筛法理论的光辉顶点，国际数学界称之为"陈氏定理"，至今仍在"哥德巴赫猜想"研究中保持世界领先水平。他的先进事迹和奋斗精神，激励着一代代青年发愤图强，勇攀科学高峰。

　　荣获国家自然科学奖一等奖、华罗庚数学奖等。2018年12月，被追授"改革先锋"称号。2019年9月，被追授"最美奋斗者"称号。

　　尽管陈景润离开这个世界已经 20 多年，但在我的意识里，他仍活在这个世界上，未曾远去。且不说，我的脑海里时不时闪过他的影子，即使在共和国的历史上，他也是一位时常被提起的人物。中华人民共和国成立 60 周年时，他被提名为"100 位新中国成立以来感动中国人物"之一。庆祝改革开放 40 周年时，他被授予"改革先锋"称号。

　　他真的没有走远，人们也没有忘记他。

　　这最初源于著名报告文学家徐迟发表的《哥德巴赫猜想》。

陈景润与报告文学
作家徐迟探讨书稿

破解哥德巴赫猜想"中国第一人"

每到新的千年的时候，人类总要提出未来需要解决的各领域问题。在数学领域，1900 年，德国数学家希尔伯特在巴黎国际数学家会议上提出了 21 世纪的 23 个问题，被人称为"希尔伯特问题"。其中，哥德巴赫猜想与另外两个数论问题一起，被列为希尔伯特第 8 问。

12 年之后，在第五届国际数学家会议上，解析数论领域的专家艾德蒙·朗道公开说，一些数论问题是在那个世纪不能解决的，其中之一就是哥德巴赫猜想。到 1921 年，英国数学家哈代说，破解哥德巴赫猜想是极其困难的。

当然，为了破解哥德巴赫猜想，一些数学家一直付出着努力。他们采取了迂回战术，也就是先从他们认为比较简单的计算开始，即先证明一个大偶数可以写成"质数因子不太多的两个数之和"：一个大的偶数可以写成两个数之和，其中第一个加数至多是 m 个质因数的乘积，第二个加数至多是 n 个质因数的乘积，数学表达为"$m+n$"。举例说，$60=5 \times 9+1 \times 3 \times 5$。本等式中的偶数 60，可以以"两个质因数之积与三个质因数之积的和"表达，即"2+3"。以此为基础，逐步减少每个数所含质因数的个数，也就是 m、n 一步步变小。最后达到

$m=n=1$，破解哥德巴赫猜想，完成"1+1"。

从 1920 年挪威数学家布朗证明了"9+9"开始，到 1965 年苏联数学家布赫夕太勃和小维诺格拉多夫以及意大利数学家朋比利证明了"1+3"，经过一代代数学家的奋力跋涉，最后的顶点虽然不再遥远，但登顶的路程却越来越艰难！

1966 年 6 月，我国数学家陈景润在中国科学院出版的《科学通报》第 17 期上，发表了他关于哥德巴赫猜想的研究成果，陈景润宣布他证明了"1+2"。当时，《科学通报》只发表了结论和几个引理，而没有发表陈景润 200 多页手稿的详细证明，这虽然引起国际数学界的关注，但并没有得到完全承认，有些数学家甚至怀疑说：这是不可能的。

也因此，随着"文化大革命"的爆发，陈景润修改论文的时间一再延宕。

1968 年 9 月底，陈景润在中关村 88 号集体宿舍三楼的一间不足 6 平方米的家被抄了。之所以说不足 6 平方米，是因为这间屋子被锅炉烟囱占去了一部分。后来有一段时间，他还被送去了"牛棚"。等告别"牛棚"后，陈景润回到那间小屋，屋子里的电线已全部被剪断，电灯也被人没收，原有的一桌一椅也不翼而飞。深受刺激的陈景润为免招人注意，将窗子全部糊上，像又回到自己的中学时代，点起了煤油灯。此时，自然的晨昏对于陈景润已完全失去了意义，只有一豆灯光，不论是黑夜还是白天，陪伴着他向着哥德巴赫猜想的山峰攀登。

1966—1973 年，陈景润克服了常人难以想象的艰难困苦，历经坎坷，把原来 200 多页的"1+2"证明进一步简化，在 1973 年第 16 期《中国科学》上全文发表《大偶数表为一个素数及一个不超过两个素数的乘积之和》。

至此，"1+2"终于被世界承认！数学界将陈景润的证明称之为"陈氏定理"。国外一位数学家写信给陈景润说："你移动了群山！"陈景润清楚，"攀登科学高峰，就像登山运动员攀登珠穆朗玛峰一样，要克服无数艰难险阻"。

哥德巴赫猜想的种子

陈景润最早知道哥德巴赫猜想，是在他的中学时代。那是 1948 年，他正在福州英华书院读高中。这一年，我国著名空气动力学家、清华大学航空系主任沈元先生回老家奔丧，因战事阻隔，无法返回北平。他受母校福州英华书院的邀请，暂任教职，教授数学和英语。世事的变幻，在一个民族的内部冲突之下，多少人的命运因之痛苦改变。而对于陈景润却恰恰相反，这成为他一生事业的最初起点。沈元教授这位大家所讲授的课程中有一门课正是数学，而陈景润正好是他任教的那个班上的学生。更为奇特的是，沈元教授为启发学生，在课堂上讲了哥德巴赫猜想的故事。尽管沈元教授当时曾鼓励他的学生们试着破解哥德巴赫猜想，但他确实没有想到，有一天，他的学生陈景润，那个沉默寡言、身体瘦弱、常受同学欺负的孩子，竟因为他的一堂课奠定了自己破解哥德巴赫猜想的攀登之基。

他讲到，200 多年前，一位名叫哥德巴赫的德国中学教师发现，每个不小于 6 的偶数都是两个素数之和。譬如，6=3+3，12=5+7，18=7+11，24=11+13……经过反复测试，许许多多的偶数都可以用两个素数的和来表达。因为无法穷尽验证，他就将每一个大偶数都可以写成两个素数之和的判断，作为一种猜想提了出来。不久，哥德巴赫写了一封信，将自己的猜想交给了当时的俄罗斯著名数学家欧勒。欧勒被激起了兴趣，开始着手对这个猜想进行论证。尽管欧勒付出了极大努力，但直至生命的终点，他也没能做出证明。不久之后，提出问题的哥德巴赫，同样也带着终生的遗憾离开了这个世界，将这道数学难题留了下来。200 多年来，哥德巴赫猜想花费了许多数学家的心血，直到 1940 年，苏联数学家布赫夕太勃才证明了"4+4"。

沈教授的话在教室里引起一阵骚动，这个故事调动了孩子们的好奇心与想象力，还有人说，"我试一试"！只有陈景润端坐不动，而他的内心却翻起了波澜，"我长大后能不能破解哥德巴赫猜想呢？"至此，陈景润就不断地问自己："你行吗？你能做到吗？"

"为什么不呢？"他自问自答。因为在别人眼里枯燥的数字，在他眼里却是一个千变万化的斑斓世界。很早他就沉浸在这个世界里，享受着别人无法体会到的孤独与寂寞。

大学时期，李文清教授在课堂上讲到了数论史上三个还没有解决的难题：费马问题、孪生素数问题、哥德巴赫猜想问题。他对学生们说："你们谁要是能解决其中的一个问题，就是了不起的成绩！"这给陈景润心中已埋下的那颗哥德巴赫猜想的种子又增加了一次养分。

攀登中的困苦曲折

1949 年秋，福州解放。

陈景润所在的班级，被命名为"朝阳班"。

1950 年春夏之交，高中尚未毕业的陈景润，以"同等学力"报考厦门大学并被录取。

当时，厦门的局势并不平静。与厦门仅一水之隔的金门诸岛被国民党军队控制着，时不时会响起枪炮声。家人担心他的安全，但深知他的执拗，便以经济原因劝他就读就近的福州大学。但陈景润毫不动摇，仍坚持去读厦门大学。当然，这从专业上说是有道理的，厦门大学的数理系在当时是国内顶尖的专业。

当时的厦门大学数理系只有 3 个学生。后来，进来一位上一届留下的学生，也只有 4 个学生。说起来，师资力量要强过今天的博士班。各个专业的老师齐备，能手把手地向他们传授知识，这让陈景润和同学们很快进入忘我的学习状态。尤其是陈景润，在高中时就自学了大学数学课程，对于老师布置的作业已是驾轻就熟，但他没有一天放松自己。

校园里的一切是那么生动美好，但在陈景润眼里却是抽象而枯燥的。反而是在别人眼里抽象到枯燥的数字、数学公式、几何图形，在他眼里却是那么生动美好，充满生命力。

由此，不难理解，他为什么每天除了完成老师布置的作业，还要根据自己的学习计划，完成大量的作业题。别人游泳、散步、野餐的每一分每一秒，在他那里都是学习的分分秒秒。除了学习，他没有任何其他乐趣，因为学习本身就是乐趣，尤其是学数学。结果，本来就瘦弱的陈景润，难免被病魔击倒。他害怕看病耽搁时间，就硬扛着。如果扛不住

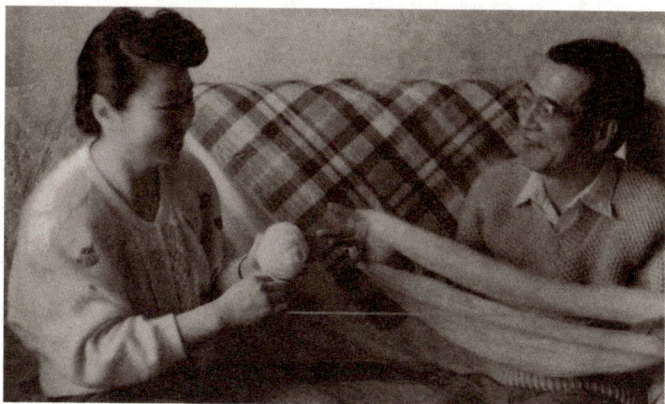

陈景润与夫人由昆缠毛线

一家三口其乐融融

了，坐着都感觉累，他就躺在床上，用看书去静养。
这样的苦读，曾让他在大学期间因肺结核而住院，
也为他在以后的岁月中时不时生病，甚至不得不住
院休养埋下了隐患。同时，也为他在医院中收获爱
情，与由昆女士结婚埋下了前世注定的姻缘。

陈景润的同乡、校友，中国科学院数学研究所
的林群院士评价他说："科学好比登山，有的人登上
一座山，浏览峰顶的风光，就满足而归了。而陈景
润不一样，他同样登山，倘若上山有十条小径，他
每一条小径都要去爬一次。他重视的不全是结果，
而是过程。直到把上山的所有的路全摸透了，他才
会感到满足。功底、基础就是这样一步一个脚印建
立起来的。"

尽管陈景润沉默寡言，很少与同学聊天，被称

为"书呆子"，但他却能与教授们一起散步聊天。说是聊天，实际上是请教数学问题。例如，他与法国籍数理教授沙鹏就时常一起散步。陈景润的生命完全是围绕数学展开的，一刻也不愿意浪费，因此他清楚地知道谁能给他最大帮助。

按照学制安排，陈景润要在 1954 年毕业，但新中国初建时期急需人才，陈景润这一届学生就提前一年毕业了。他被分配到北京四中任教。厦门大学想着把最好的人才送到北京，可是却忽略了并不是谁都适合传道授业解惑。一个习惯于独自徜徉于数学王国的人，尽管有着深湛的学问，但站在讲台上，面对满教室期盼的眼神，他竟不能顺畅地表达，进而不知所措。结果，在祖国最需要人才的时候，他这样的人才却被学校辞退了。

陈景润不好意思再找厦门大学再行分配，就独自一人回到故乡福州疗伤。没了工资收入，又不能躺在家里吃闲饭，无奈之下，他在自己家附近摆起了小人儿书摊，赚取些生活费用。

当时的厦门大学校长王亚南在一次会议上遇到了北京四中校长，本想问问陈景润的工作情况，谁知还没开口，就受到了一通抱怨。王亚南校长很是吃惊，我们好不容易培养的高才生，竟被人家辞退了。当然，那位中学校长还是很客气："我知道他是你们的好学生，满肚子学问，但他讲不出，我们学校就不能留他了。"王亚南校长不能埋怨人家，当即说："这是我们的分配工作做得不够细致，仅仅看了学业成绩，没有想到教师还需要一种口能言、能言好的特殊能力，那就请你们把陈景润退还给我们学校。"

　　那时候的大学生凤毛麟角，被如此对待，让王亚南校长很是心疼。在他的力主下，陈景润被安排在厦门大学数学系资料室工作，并住进了勤业斋 106 室。他又有了一方可以日夜苦读的容身之地，可以说是如鱼得水。

　　他再一次踏上攀登的长途。

1981 年，陈景润回母校厦门大学参加建校 60 周年大会

攀登路上的新台阶

　　苦读在陈景润看来，是攀登数学研究高峰的唯

一路径。

对于读书，陈景润有自己的独特方法。他认为需要精读的书，会一页页拆下来，随身带着随时阅读。读完一遍再照原样装回去，再读的时候仍然是如法炮制。

对于自己的读书法，陈景润后来给出了解释："我读书不只满足于读懂，而是要把读懂的东西背得滚瓜烂熟，熟能生巧嘛！"而这种熟悉，是多少个不眠之夜换来的！别人认为他睡眠少，他说那说明我不需要那么长时间的睡眠，并说，失眠并不是病症，而是说明你没有睡眠的需求，与其瞪着眼睛辗转反侧，何不起而工作呢！他基本上是和衣而眠，实在赶不走睡意，那就和衣躺下，一旦醒来就可以继续阅读、演算、推理。

早在厦门大学读书时，陈景润就听老师们说过，20 世纪 30 年代，华罗庚先生曾研究过哥德巴赫猜想，并且取得了一些成绩。当时，华罗庚是中国科学院数学研究所（以下简称"数学所"）所长。他的代表作之一——《堆垒素数论》于 1953 年在国内出版（1947 年首次出版的是俄文版），自然成为陈景润研究的首选。据说，陈景润对华罗庚的这本名著，用他的读书法拆散又装回了 30 多次。当然，他不仅仅是阅读，而且是按照自己的思路去演算，去寻找更好的解题思路。他针对书中组合数学的"塔内（又译为：他利）问题"，写成了一篇论文，主要内容是对《堆垒素数论》中的 5 个定理进行了修正。"做研究就像登山，很多人沿着一条山路爬上去，到了最高点就满足了，

可我常常要试 10 条路，然后比较哪条山路爬得最
高。"陈景润曾经这样说。

1955 年，陈景润给华罗庚写了一封信，并附
上了自己的论文，请求指导。华罗庚看了这篇论文
后，喜出望外。他向自己的学生、数论组负责人王
元等打听陈景润的情况。王元说："不是太了解，只
是听说这个人刚从厦门大学毕业不久，正在厦门大
学数学系资料室工作，并兼任'复变函数论'助
教。"华罗庚说："你也看看他的这篇论文，思路清
晰、逻辑严密，从中能看出他很有想法，是一个很
有培养前途的年轻人。"华罗庚惜才爱才，正是在
他的建议下，陈景润于 1956 年受邀到北京参加数
学会议，并报告"塔内问题"。随后，就在当年秋

陈景润与老师华罗庚
谈笑风生

天，华罗庚又将陈景润调入数学所，成为他的学生。对于这件事，陈景润曾对人说过："我是华先生第一个、也是最后一个'走后门儿'调来的人。"

陈景润之所以这么说，是因为这其中还有一个"插曲"。华罗庚安排陈景润上台报告"塔内问题"，这本来是好意，要展现陈景润的才华。可能是中学讲台的挫折挥之不去，面对台下坐着的一位位大家，他又一次被惊慌攫住。提前准备好的一切，似乎瞬间逃遁，不知如何处理，全没了在自己孤独的小屋中的优游自如、思如泉涌。与陈景润一起参会的李文清教授，看着陈景润无助的样子，快步走上讲台，向参会者做了一番解释，陈景润只能在一边鹄立着。随后，李文清教授又对陈景润的论文做了简要介绍。

李文清教授刚讲完，人们没有想到又有一个人打破了预定程序，他就是著名数学家华罗庚。他首先说，陈景润的这篇论文对他的论述进行了优化和深化，具有不凡的意义，论文成果值得肯定。讲完后，华罗庚拍了拍陈景润的后背，掌声随即响了起来。脸色苍白、额头冒汗的陈景润终于长出了一口气。

当年的《人民日报》在报道这次大会时，还特意提到了陈景润的这篇论文："从大学毕业才三年的陈景润，在两年的业余时间里，阅读了华罗庚的大部分著作，他提出的一篇关于'塔内（又译为：他利）问题'的论文，对华罗庚的研究成果有了一些推进。"

后来，一说起陈景润，总集中在哥德巴赫猜想上。实际上，哥德巴赫猜想是顶峰或者说是众多山峰中的最高峰。而在向哥德巴赫猜想攀登的过程中，"塔内问题"是一个新台阶。

　　而且不应忘记，在同一个时代，还有其他中国数学家也在攀登，甚至曾走在陈景润的前面。比如，华罗庚的另一位学生王元，就是在陈景润进入数学所的 1956 年，证明了"3+4"，并在次年，先后证明了"3+3"和"2+3"。这无疑对陈景润起到了激励作用，让他更加坚定了自己要攻克的目标，那就是破解哥德巴赫猜想。

　　当时，数学所成立了一个"哥德巴赫猜想"讨论组。陈景润与王元等同事都是这个组的成员，组长是王元。

华罗庚（前中）与
陈景润（前右二）
等学生合影

时代激流中坚定方向

1957年9月，陈景润被调入数学所。1959年3月，陈景润在《科学纪录》上发表了关于华林问题（数论中的问题之一）的论文《华林问题 g（5）的估计》。尽管这篇论文填补了数论史上的一段空白，但是，不仅他本人被指为坚持"白专"道路的典型，而且华罗庚也被指为他的"黑后台"。

更让人不可思议的是，这一成果居然是在3平方米的厕所里完成的。

陈景润初到北京时，一开始住在西苑大旅社一号楼的集体宿舍，后来搬到中关村63号宿舍楼二单元一楼的4人集体宿舍。为了专心于数学研究，他和同伴们商量，能否让他一人专用厕所，同伴们笑着答应了。只是自此以后上厕所，他们就得去对面的屋子。

此后两年，这一方咫尺之地就成了陈景润拆书、背诵、演算的"世外桃源"。

1959年9月，陈景润被迫离开数学所已是势所必然。他被调往中国科学院东北分院的化学所（即中国科学院大连石油研究所，1962年改称"大连化学物理研究所"）。在人们的印象中，陈景润到化学所

陈景润在进行科研攻关

工作是用非所长，更何况他干的是清洗试管的工作，这明显是一种惩罚。最初的情况确实是这样，但在1961年春，化学所创办了大连化学物理学院之后，陈景润成为专职数学教师，又回到自己的专业领域。此前的经历已经证明，他根本不适合当老师。虽然回到了自己擅长的领域，但教师这个职业对他无疑是另一种折磨。好在他可以名正言顺地去研究数学，而不再像之前清洗试管时要偷偷摸摸去看数学书。说起来，陈景润并没有在这里讲过课。他的身体本就虚弱，再加上一直闷闷不乐，1961年3月，学院刚刚开学，陈景润因为患上了肺结核，就返回福州老家养病去了。

1962年3月，在广州召开了科技工作会议和戏剧创作会议，一批受过错误批判的党内外专家应邀出席此次会议。会议的主题是为知识分子"脱帽加冕"，周恩来、陈毅等中央领导人发表了热情洋溢地赞扬、肯定知识分子作用的讲话。正是在这样的大背景下，华罗庚提出将代他受过的陈景润调回北京，继续从事数论研究，很快便得到了批准。

能回北京当然是高兴的事，但此时的陈景润仍在病中，就被安排住进了88号楼的病号房里。病号房晚上10点准时关灯。每天晚上10点以后，陈景润一手提着热水壶，一手拎着小凳子，胸前抱着几本书，笃定地到洗漱间去看书，常常通宵达旦。医生一开始还唠叨几句，后来见他仍我行我素，也懒得去说了。眼看着冬天到来，有好心的医生向他透露，这座楼的楼顶有一个空置的小房子（实际上是一个锅炉房烟囱的检修间，就是本文开头所说的那间6平方米的房子）。那时候，陈景润不仅没有治好肺结核，又添了新病——腹膜炎。说到底，他在医院与在单位并没有多大区别，或者说根本就没有区别。在哪里都是拼命工作，拼命攻关，一刻也不停歇。只不过是在病床与单位之间来回转换而已，身体稍好回到工作岗位，身体实在顶不住了，就被人像绑架似的送进医院，以致医院的医生多次提醒数学所的领导，陈景润身边需要有人照顾，万一他一个人昏死过去，那可是一个难以担责的悲剧！

1962年的第12期《数学学报》上发表了陈景润的《给定区域内的整点问题》。

1963 年的《数学学报》上又发表了他的《圆内整点问题》。

仅此 2 篇论文，我们就已经很清楚，虽然之前的遭遇给他的心灵带来了创痛与悲伤，但他从未停下攀登和前进的脚步。

为了攀登心中的那座高峰，他一直燃烧着自己的生命，奋力前行。那一张张稿纸，记录的不仅仅是他的智慧与思考，而且是他的坚持、倔强、勇敢、寒冷、沉默与孤独，以及无边的黑暗，唯有那白色稿纸微弱的白光，照亮并铺就他前进的路途。笔者理解，他为什么被人诟病为旁若无人，因为他实在没时间去看别人的脸色，理会别人的喜怒哀乐，他连自己的身体都没有放在心上，其他的一切怎么能入他的"法眼"？他甚至很少抬起头来看看周围的一切，看看脚下的路，总是时时刻刻保持着攀登的姿势，偶有停歇，也只不过是为了寻找更好的前进道路。正如他自己所说："凡是别人走过的路，我都试过，所以我知道每条道路能爬多高。"

"文化大革命"中，有人毒打他，说是要打掉他的清高，实际上他哪里是"清高"，他只是走到别人未曾涉足的数学王国里罢了。

1964 年，数学所绝大多数人都被安排到农村去了。陈景润因为身体太差，木讷不能言，被留在所里。正是这段难得的平静、安静的时光，为陈景润攻克哥德巴赫猜想提供了不可错过的机遇。

1965 年冬，陈景润交给王元一篇论文初稿，就是后来轰动世界的"1+2"，当时还只有 50 多页（拿出来发表时，已经是 200 多页）。要知道，在此之前不久，苏联的布赫夕太勃和小维诺格拉多夫以及意大

陈景润在进行科学
研究

利的朋比利发布了"1+3"。小维诺格拉多夫的论文
应用的是"筛法"（检定素数的算法，有多种），他
在发表论文时宣称，"筛法"已经被他发挥到了极致，
别人以及他本人要想前进一步，必须另辟蹊径。但
陈景润总是要把别人算过的东西，按照自己的思路
再算一遍，并寻找最优计算方法。正是通过对"筛
法"的重大改进，陈景润最后证明了"1+2"。

1966 年春，第 17 期《科学通报》刊登了陈景润
证明"1+2"的结论和几个引理，并没有给出详细的
证明。

不过幸运的是，这是《科学通报》因为"文化
大革命"遭停刊前的最后一期，陈景润毕竟抢到了
头筹。但也正因为只发表了很少一部分，这篇论文

没有得到国际学术界的完全承认，甚至有些数学家公开质疑，认为这么一个无名小卒，根本不可能完成这样的任务。

陈景润自己也知道，他的论文还有需要修改和完善的地方。他迫切需要一个安静的环境。他小心翼翼地躲着"运动"，可"运动"却并不放过他。

1968 年 9 月底的一天，一群造反派要将陈景润赶出那间屋子，关进"牛棚"。

这些暴徒不仅撕毁了陈景润的手稿，而且将陈景润的存款、存折等抢掠而去。

"牛棚"在同一层楼的东头，是一间 20 多平方米的屋子。陈景润突然挣脱"押送"，向"牛棚"的方向跑去，瞬间关上了临近"牛棚"的一间小屋的房门。造反派们愣住了，不知道陈景润哪来这么大力气，也不知道他要干什么。

等到撞开房门，才发现陈景润从一扇窗户跳了出去。所幸，二楼的窗户挡了他一下，杨树的树杈又减缓了冲击力，陈景润身上只是有一些擦伤，生命竟奇迹般地安然无恙。那些造反派尽管恶狠狠地骂他"自绝于人民"，但也怕真的出了人命，就无奈地放过了他。

那间他赖以存身、赖以攀登的小屋保住了，但小屋中的电灯泡被拧走，电线也被全部清理了。既然这样，陈景润索性将窗户用报纸糊上，用煤油灯代替了电灯。

此后的 4 年里，陈景润就是在一豆油灯下，远离时代洪流的冲击，继续着攀登哥德巴赫猜想高峰的征程。

生命临近枯竭时，攀登的路上突现曙光

1972 年年底，陈景润终于完成了哥德巴赫猜想的"1+2"，但他不敢拿出来发表。

到了 1973 年春，陈景润感觉自己的生命似乎就要走到终点，他要发表论文的想法越来越强烈，但想想经历过的痛苦，他一次又一次地退缩了。

1973 年 2 月底的一天，陈景润在医院碰到了数学所业务处副处长罗四维。想到罗四维曾经多次为自己仗义执言，他下定决心向罗四维袒露了自己的秘密："我做出了哥德巴！"（陈景润平时说到哥德巴赫猜想时，总是简称"哥德巴"）

罗四维并不吃惊，鼓励道："那就拿出来发表啊！"

陈景润摇头不语。

罗四维理解陈景润担心什么。回去之后，他将此事悄悄告诉了主持业务处工作的乔立风。乔立风在 20 世纪 60 年代初，就写过反映陈景润研究成果的简报。两人商量后，觉得此事非同小可，陈景润的担心不无道理，阻力主要在数学所，必须向院方反映。

恰好，中国科学院军代表王建中来数学所视察工作。罗四维跟他说，所里有一位陈景润，写了一篇论文，解决的是数学前沿问题。

军代表快人快语地说，那还磨蹭啥，拿出来发表啊！

罗四维说，我劝过他，他怕受批判，不敢拿出来。

军代表可没有那么多顾虑，他问，这个人住在哪里？你带我去，我来说服他。

罗四维喜出望外，就和军代表一起，敲开了陈景润的房门。

军代表见到陈景润，很是亲热地拍着陈景润的肩膀鼓励说："研究员同志，听说你写了一个大论文，为啥不拿出来发表？"

陈景润只是看着罗四维笑了笑。

军代表又说："你不用担心嘛！我这个军代表就是来为你们知识分子撑腰的！放心吧，不要怕，大胆一点。"

陈景润一迭连声地说着谢谢，却没有行动。

此时的陈景润对于外界局势的变化所知甚少。

1972 年 7 月，中央任命郭沫若为中国共产党中国科学院核心小组组长，刘西尧、武衡、王建中为副组长。军代表有三人，除了王建中，还有郝梦笔、董铁成两人。

王建中回去后，向主持中国科学院工作的武衡谈了情况。

几天后，武衡来到数学所，专门过问陈景润的问题，并强调，这么重要的研究成果必须直接向周总理汇报。

在随后的中国科学院全院党员干部大会上，传达了周恩来总理

"要加强理论研究"的指示。因此，武衡在会上意有所指地说："数学所有一位青年研究人员，搞出了哥德巴赫猜想'1+2'，却不敢拿出来发表。"武衡在会上虽然没有点名，但大家都知道这个人是谁。对于是否发表陈景润的论文，中国科学院内部发生了激烈的争论。

历史进程的改变往往始于很小的细节。中国科学院召开党员干部大会那天，新华社女记者顾迈南就在现场，凭着职业的敏感，武衡的一番话引起了她的注意。几天后，她与摄影记者钟巨治一起到中国科学院采访了陈景润，并很快赶写出两篇内参稿件：《中国科学院数学研究所助理研究员陈景润做出了一项具有世界先进水平的成果》《助理研究员陈景润近况》。

毛泽东主席看了这两篇内参后画了一个圈，并批示：要抢救。请文元同志办。

从此，陈景润的境遇得到彻底改观。

陈景润先是被安排住进 309 医院，紧接着在 1973 年 4 月，中国科学院主办的《中国科学》杂志，公开发表了陈景润的论文《大偶数表为一个素数及一个不超过两个素数的乘积之和》，就是通常所指的哥德巴赫猜想的"1+2"。几乎同时，中国科学院《科学工作简报》第 7 期发表了《数学基础理论研究的一项成就》一文，概括地介绍了陈景润的研究成果。4 月 20 日，中国科学院按照中央的要求，将陈景润的"1+2"论文印制成大字本，报送给毛主席、周总理。

陈景润证明了"1+2"的消息震撼了中国与世界。

有外国数学家写信给他说："你移动了群山！"

英国著名数学家哈伯斯特与李希特合作撰写的《筛法》一书正待付印，陈景润用加权筛法证明了"1+2"，他们马上为《筛法》一书新增了一章——陈氏定理，并在这一章的开头写道："我们本章的目的是证明陈景润下面的惊人定理，我们是在前十章已经付印时才注意到这一结果的；从筛法的任何方面来说，它都是光辉的顶点。"

在医院住了几个月，病情刚刚稳定下来，陈景润就跑出了医院，回到那间只有 6 平方米的小屋，继续向"1+1"的顶峰冲刺。

他演算"1+2"的稿纸足有 3 麻袋多。相比于外国数学家证明"1+3"有大型高速计算机辅助，陈景润证明"1+2"是独自一人手工计算出来的！

所谓书写历史，陈景润做到了极致！

1974 年年底，中共中央决定于次年 1 月召开第四届全国人民代表大会。"白专"典型陈景润被提名为人大代表，而提名人竟是国务院总理周恩来。

这一预示科技春天即将到来的举动极具指标意义。

陈景润是躺在病床上得到这一消息的。

他到代表团驻地后，才知道自己既没有被安排在中国科学院所属的中直机关代表团，也没被安排在他的老家福建代表团，而是被安排在天津代表团，而且是与周总理在同一个小组。

这一切让陈景润感动到不知所措。

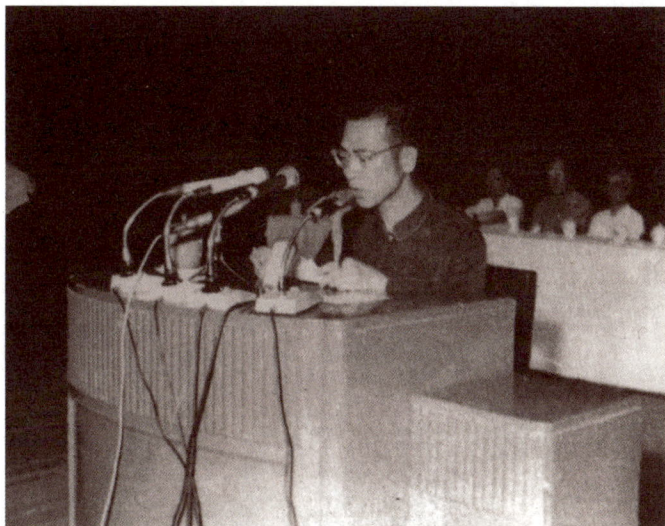

1978 年，陈景润在
全国科学大会上发言

　　陈景润出名后，无形中增加了许多社会事务，这让陈景润很烦恼，他仍想着"静下来念书"，他担心"不多一些时间念书，自己就要落后了"。这源于他常说的一句话："时间是个常数，花掉一天等于浪费 24 小时。"

　　他冷静地评价自己："在科学的道路上我只是翻过了一个小山包，真正的高峰还没有攀上去，还要继续努力。"

　　直到 1996 年 3 月 19 日，陈景润至死都没有停止攀登，尽管他没能摘到"1+1"，但他已经把哥德巴赫猜想的研究水平提高到了空前的高度。邓小平评价说："陈景润是在挑战解析数论领域 250 年来全

陈景润最后的微笑

世界智力极限的总和。中国要是有一千个陈景润就了不得。"

　　从陈景润证明"1+2"，到现在已经过去将近半个世纪，看似近在咫尺的"1+1"，仍然没有数学家能完成，足见其艰难！

　　陈景润攀登的丰碑永远闪耀，昭示着未来的路途！

　　那是一份无比坚毅的坚持，作为主角的陈景润仍在现场！

罗 阳

英雄的光芒

文 / 沈俊峰

|人|物|小|传|

　　罗阳，男，汉族，中共党员，1961 年 6 月出生，2012 年 11 月去世，辽宁沈阳人，中国航空工业集团沈阳飞机工业（集团）有限公司（简称"航空工业沈飞"）原党委副书记、董事长、总经理。

　　作为航空工业沈飞的"掌舵人"，他胸怀报国强军赤子之情，创新提出"十个统筹"发展思路，推进管理创新、技术发展、体制机制改革等，推动企业经营模式转型，提升企业综合实力，带领沈飞迈入持续跨越发展的快车道。任期内企业营业收入、工业总产值等主要指标跃升 39.5%，利润跃升 61.8%。担任多个型号研制现场总指挥，带领沈飞完成了歼-15 舰载机等多个重点型号研制并成功实现首飞和设计定型，推动军用战斗机研制取得重大进展，为国家航空武器装备发展做出了突出贡献。

　　被追授"航空工业英模"荣誉称号和"全国优秀共产党员""全国道德模范"称号等。2018 年 12 月，被追授"改革先锋"称号。2019 年 9 月，被追授"最美奋斗者"称号。

　　一直感动着，在新中国成立之初，华罗庚、钱学森、钱三强等一大批留学海外的科学家，冲破各种阻力，抛弃各种物质上的享受，奋不顾身地奔回祖国的怀抱。他们为了祖国的强盛，为了百年复兴的伟大梦想，甘当无名英雄，默默无闻地奋斗了数十年，甚至有人为此献出了宝贵的生命。

　　如今，我们也常常感叹，在市场经济的大潮中，在物质利益和金钱的强力冲击与裹挟下，在各种无形的压力之下，还有多少人继承了老一辈科学家精忠报国、甘愿奉献的精神和风骨？

　　但是，中国航空工业集团有限公司沈阳飞机工业（集团）有限公司（以下简称"航空工业沈飞"）董事长、总经理罗阳所展现出的英雄品质和精神的光芒，

罗阳工作照

不仅让我们感动，让我们振奋，更让我们看到了民族复兴的强大力量。

辉煌的那一刻，他倒下了

罗阳的履历很简单，大学毕业后，他只在两个单位工作过：中国航空工业集团有限公司沈阳飞机设计研究所（以下简称"航空工业沈阳所"）和航空工业沈飞。他深深地钟爱这两个单位，一个设计飞机，一个制造飞机，因为，这是他航空梦想和事业的全部。有意思的是，航空工业沈阳所的成立时间与罗阳出生的时间在同一年，而航空工业沈飞的成立时间与罗阳的生日又是同一天。这或许便注定了罗阳与这两家单位的某种不解之缘吧。

罗阳生于 1961 年 6 月 29 日，父母都是军人。高考时，他填报的第一志愿是北京航空学院（今北京航空航天大学）。这个出身军人家庭的孩子从小就立志要搞军工，从小便有强军富国的宏伟梦想。1982年，罗阳从北京航空学院毕业，被分配到航空工业沈阳所，当了一名飞机设计员。因为工作突出，他很快被组织上提拔重用，先后担任了研究所党委组织部副部长、部长，研究所党委书记等职。2002 年 7 月，罗阳调任航空工业沈飞党委书记、副董事长，2007 年 11 月任董事长、总经理、党委副书记。

　　有人说，真正的大国离不开强大的海军，强大的海军离不开先进的航母，先进的航母离不开一流的舰载机。随着我国第一艘航母"辽宁舰"的入列，我国采用什么型号的舰载机，一时成为国内外关注的焦点。舰载机项目对于我国来说，尚是一项空白，没有经验可以借鉴。这可是一项关系到国家利益的世界瞩目的焦点项目，举足轻重。罗阳参与其中，而且要确保不出现一丝一毫的问题。这种长时间超负荷的工作，以及饱满的工作状态，给罗阳造成的生理及心理压力，是常人难以想象的。

罗阳（后排右二）等领导在设计发图现场

　　2012 年 11 月 9 日，罗阳前往珠海参加第九届中国国际航空航天博览会。此次航展结束后，他于 17 日晚 8 点 15 分从珠海飞到沈阳，下飞机、上汽车，于 18 日 0 点 45 分到达试验基地；早晨 5 点即起床，做各项准备工作，8 点整，乘直升机直飞航母。多天马不停蹄地奔波，他已经感到非常疲惫。

按照计划，我国产舰载机将在辽宁舰上进行首次训练，具有里程碑式的意义。作为舰载机生产现场的总指挥，罗阳肩上的责任和压力非常重大。

在辽宁舰上，罗阳坚持与科研人员一起整理试验数据，观看每次起降过程，记录和分析飞机状态。据有关人士介绍，只有亲身经历过，才能体会到在航母上的那种巨大压力。舰载机挂索着舰难度极高，作为舰载机的生产者，罗阳在一旁观看、记录时，一颗心始终悬着。而舰载机起飞时发出的巨大轰鸣声，震得人的心脏难以承受。但是，罗阳坚持记录，他观看的位置离飞机最近的距离不超过 20 米。

除此之外，上舰的罗阳多次前往机库查看，不时做笔记，为将来在舰上维护保养舰载机留下建议。这期间，他曾经感到过不舒服，但由于试验任务非常重要，他没有中途下舰，甚至都没有去找医护人员检查，而是硬挺着。就这样，罗阳白天连续在航母的各个监测点一丝不苟地检查，晚上又参加海事协调会，和试飞人员沟通。

这种训练持续了整整 8 天。

舰载机起降成功后，中国航空工业集团有限公司（以下简称"航空工业"）准备于 11 月 25 日下午举行庆功会，罗阳本应参加，但他在回宾馆的路上感觉身体非常难受，一回到房间，罗阳便手按胸口横躺在床上。同事们赶紧将他送往几千米外的大连市友谊医院。在距离医院大门还有 100 米左右时，罗阳就喘不过气来了。医护人员当即在医院大厅做起了急救，持续了 3 个多小时，还是没能将他挽救回来。

罗阳因突发性心肌梗死、心源性猝死，经抢救无效，因公殉职，永远地离开了我们，离开了他心爱的军工事业，年仅 51 岁。

生前，罗阳谈到最多的就是压力，随着舰载机上航母飞行的日期越来越近，这种压力也变得愈加强烈。2012 年 11 月 6 日，罗阳生前最后一次接受媒体采访时，还专门谈到了在压力面前如何工作。他说："要克服很多这样和那样的困难，感觉到是有一定的压力，你把一件一件的工作想方设法去做好，在这个过程中，可能你也没有时间去过多地感觉到这个压力，只是在遇到问题的时候，眼看着这个时间，上级对这个要求的日期越来越近的时候，那个时候压力是无形的，是无形的压力，但是你在全力以赴去工作、去克服、去解决它的时候，有的时候就会把它忘掉。"

然而，他知道，我们的国家需要这样的压力。对赤诚报国的人来说，压力就是动力。

2011 年以来，航空工业沈飞的科研生产任务十分繁重，面临着研制周期短、生产难度高等一系列难题。为此，罗阳采取多种措施推动重点型号飞机的研制进度，突破了一系列关键技术，推动了我国航空制造技术水平的快速提升，创造了新机研制提前 18 天总装下线，从设计发图到成功首飞仅用 10 个半月的奇迹。

罗阳（左一）到外场
慰问参研人员

　　"辽宁舰入列时，海外媒体预计中国舰载机成功应用至少需要1年半，没想到我们仅用2个多月，就成功实现了最为关键的起降试验。"航空工业原董事长林左鸣说，这一奇迹的背后，是因为有了像罗阳这样千千万万航空人的不懈努力和奋斗。

他的心中只有挚爱的国防事业

　　罗阳不幸牺牲的消息，大家一直想办法瞒着罗阳的母亲。但是，老人还是在第二天的电视节目中知道了。航空工业沈阳所副所长邓吉宏曾和同事一起去看望罗阳的母亲，老人对他们说，以前每次出差回来，罗阳都是先回家看她；他回来之后，不是坐着或者站着与她说话，而是疲惫地半躺在床上与她说话。老人流着泪叹息道，他太累了啊！但是，唯独这一次，罗阳从珠海参加航展回到沈阳，路过家门口却没有时间去看母亲，而是直接去了大连。

平时，罗阳的妻子也经常劝他不要太累，要注意休息，但是罗阳总是回答："你只知道我累，其实，许多人比我还累。"他朴实的话语，让妻子无言以对。

罗阳为什么会成为我们学习的楷模？罗阳为什么这么优秀？

罗阳牺牲后，许多人这样发问。采访中，熟悉

罗阳与科研人员进行研讨

他的人这样回答：这与他的品质、内涵、修养是分不开的。他有着无私的追求，始终把国家和人民的利益放在首位，把个人利益放在最后，有着强烈的责任感、使命感；这体现在组织的培养和个人的修养，两者缺一不可；他一直秉持求真务实的工作作风，具有实干精神；他把名利看得很淡薄，不计较个人得失。

面对各种荣誉，罗阳都是主动谦让，要求将荣誉倾向于一线科研和生产人员。那年，航空工业评选优秀共产党员，罗阳出差在外，公司党委经过研究，将他的名字报了上去。罗阳回来知道后，将有关人员狠狠地批评了一顿。他要做的，就是尽量突出团队。罗阳牺牲后，宣传部门寻找有关他的资料，但是翻遍大报小刊，只在10多年前出版的《中国航空报》上找到一篇，那还是他作为航空工业受表彰人员之一，组织决定需要宣传的。这次在航母上，全国人民通过电视镜头看到的他的形象，是企业摄像人员为他"抢"的几个镜头。通过这些珍贵的镜头，我们看到了他疲惫的面容。

熟悉罗阳的人，都知道他性格耿直，为人忠厚，做事低调。无论是在党委书记还是在总经理的岗位上，他给人的突出感觉就是默默奉献，尽职尽责，从不居功自傲。他在航空工业沈飞10年，不少新闻媒体找上门来要宣传他，他都让办公室的同志为他做主"拒绝"。他的理由每次都是那句话："干点工作，非要上电视、上报纸宣传吗？要宣传就宣传公司。"

罗阳牺牲后，许多领导和职工前去看望他的家人，表示悼念和慰

罗阳（中）与所办工作
人员讨论工作

问，并询问他们有什么困难和要求。罗阳的家人什么也没有提，他们说："罗阳活着的时候，处处严格要求自己，在这件事上，我们不能违背他的意愿。"罗阳的姐姐说："罗阳平时从来不愿意麻烦别人，他总是为别人考虑，这就是他的品质。"

熟悉罗阳的人都说，他是个非常简单、非常俭朴的人，他不需要用奢华来装扮自己，因为他的心中坚守着强国梦，他的心里只有挚爱的国防事业。

罗阳经常出差，常常会误了吃饭的时间，他一般都是吃碗面条了事。他常点的菜就是尖椒炒干豆腐、醋熘土豆丝。因为经常加班，他一般都让工作人员去食堂随便打点饭。罗阳经常到北京开会，除非会议有特别的要求，否则，他一般都住在公司设在北京的办事处，为公司省了不少钱。

罗阳在航空工业沈阳所担任组织部副部长时，他用的办公桌已相当破旧，一个抽屉拉开都有问题。办公室的同志想申请给他换一张桌子，但罗阳就是不肯。他说："这又不影响工作，可以用。"这虽是一件小事，却让其他同志印象深刻，至今记忆犹新。那时，罗阳每天早晨上班去得很早，到了就打扫卫生。同事们感到不好意思，都一个比一个早到办公室，争着搞卫生。

调往航空工业沈飞工作后，接待任务多了。罗阳多年来没有一套正式的西装，只有一件浅灰色的休闲西装上衣。因为穿这件上衣不能接待外宾，他才不得已自己买了一套很一般的西装。说起这件事，

罗阳（右）检查办公环境

人们不禁如此感叹，只有心中充实的人，才不在意、不刻意追求那些物质的东西。罗阳求真务实的精神，传承给了他身后的研究所和沈飞两个团队，如果总结一下，这种精神便是航空人精神，是航空人的传统文化。因为，失之毫厘，谬以千里，航空人必须求真务实、一丝不苟。

罗阳在航空工业沈飞工作了10年，公司办公室副主任吕殿凯在他身边共事了10年。那些天，很多人去罗阳家中悼念罗阳，从罗阳家里出来，很多人这样问吕殿凯："罗阳还有别的住房吗？"吕殿凯说："没有，这就是他平日的家。"人们感叹："哎，太陈旧了，怎么也不重新装修一下？"罗阳的住房，还是1998年研究所分配的最后一批具有福利性质的房改房。罗阳简单装修后，住了进去，后来也一直没有换房子。他调到航空工业沈飞工作以后，公司考虑到他上班远，几次研究解决他的住房问题，都被他拒绝了。罗阳的家在一个非常普通的小区，房子装修也非常简陋，一套旧炉具还是他的姐姐家换下来后送给他用的，壁橱等一些家具也是20世纪90年代留下的。罗阳的妻子曾经多次跟罗阳说："我们不要新房，是不是把这个房子再重新装修一下？"罗阳每次都是满口答应："可以，可以。"可是，直到今天，那房屋的面貌依旧。

罗阳是个孝子，在航空工业沈阳所工作时，大多时候他都是住在母亲家，以方便照顾母亲。那时，他已担任党委书记，按规定所里有车接送上下班。但是，他不要汽车接送，风雨无阻地骑车上下班。15

千米左右的距离，他天天骑着那种笨重的二八式自行车早晚来回，回想起来，这成了研究所干部职工心中的一道难忘的风景。

2007 年 11 月，罗阳担任航空工业沈飞董事长、总经理，按照惯例，他的办公地点要调换相应的办公室。当身边工作人员向他报告此事的安排时，他却说："不要动了，我在这里办公很好，换办公室没有意义，还会带来新的费用。"从此，公司的这个惯例被他打破了。

罗阳的办公桌上，经常有一摞已经单面打印用过的纸。罗阳不让工作人员扔掉这些"废"纸，因为他自己起草的所有文件和各种材料都是用这些"废"纸的另一面来完成的。好几次，办公室的同志给他换了正规的公文稿纸，他却说："不用，这是我从小上学读书时养成的习惯。现在这纸张多好啊，完全可以再用一次。"罗阳身边的工作人员都知道，罗阳有用铅笔书写的习惯，有时他用铅笔书写的字迹，在另一面打印的油墨渗透下，真的看不太清楚，他们只能在一起猜字，也不敢再劝他用新纸。这便是罗阳朴素本色的一种体现吧。

英雄，并没有走远

罗阳平易近人，为人谦虚，总是以表率作用影响别人，但是他的党性强、原则性强，对自己要求严，对其他干部要求也严。他在航空工业沈阳所当组织部部长时，就对新任职干部严格进行党风党纪教育和反腐倡廉教育。他说，行政干部、党的干部都要以高标准严格要求自己。在2001年研究所干部考核中，罗阳以前的一位同事考核成绩较低，罗阳没有徇私情，而是坚持调整了那名干部的工作岗位。

罗阳对身边的工作人员做了规定：钱财公私分明，不能以领导的名义越权做事。同时，他倡导大家要"求真务实，真正谋事、做事"。

罗阳是航空工业沈飞党风建设和反腐倡廉工作的第一责任人。他抓党风、作风建设的特点是紧密联系公司的实际，把责任落实到每位领导干部、每名党员的岗位职责中，落实到每道工作程序、每个工作环节中，使反腐倡廉工作逐步深化到每个基层岗位，使每个岗位的上级都负有责任，严格防控岗位风险，规范权力运行，而不是表面的喊口号、搞活动。他把这种紧密融合抓落实的办法称作管理"四化"（即严格化、精细化、规范化、标准化）。这种落实到地、积极预防、制度保障、严格惩戒的党的作风建设机制，使他在任航空工业沈飞董事长、总经理的5年里，公司各级领导人员无一发生较大问题。在企业管理上，罗阳不是唱高调，而是从一点一滴做起，在每一件事上都严格要求自己。

在罗阳身边工作已经10年的一位下属，除了工作，从没有找罗阳办过什么私事。只有一次，这位下属的一个亲戚家的孩子大学毕业了，想进沈飞工作。但是，公司对进人有明文规定，一般的大学生是进不去的。架不住亲戚的一再央求，这位下属便狠下心来，找了罗

罗阳（左一）与沈阳
所领导在协调工作

阳。他以为凭自己与罗阳这么多年的交情，这事肯定有戏。没有想到的是，罗阳还是拒绝了他。罗阳的一位老领导也曾找过罗阳，想让他帮助接收一位大学毕业生，因为不符合条件，罗阳同样也拒绝了。这件事，让身边很少几个知道此事的人对罗阳更加敬佩了。

作为一家大型军工企业，航空工业沈飞每年仅技改经费就不少，作为企业"一把手"的罗阳，抵制住了各种诱惑。他从不插手工程，也从不为少数人谋利益，为此，他得罪了不少人。

但是，公司办公室的人背后却这样评价罗阳："罗总是最食人间烟火的人。"罗阳曾经到加班同志的办公室，对他们说："这是我的好朋友送给我的烟和茶，我实在不好不收，我不抽烟，也很少喝茶，你们搞文字工作的同志很辛苦，需要这个，你们用吧。"当时，加班的同志感动得不知说什么好。

罗阳对企业纪检监察工作特别重视，在精简机构的情况下，保持了20个人的纪检监察编制。在罗阳的重视下，航空工业沈飞为公司的纪检监察干部办理了重大人身伤害保险。

航空工业沈阳所试验室的墙上有这样两句标语："既是航空人，就知责任重；既做新装备，就得多辛苦。"罗阳是航空报国的楷模，是党员领导干部学习的楷模，他平凡，却崇高、伟大。

习近平总书记在参观《复兴之路》展览时说："实现中华民族伟大复兴是一项光荣而艰巨的事业，需要一代又一代中国人共同为之努力。"总书记的讲话，让人备受鼓舞，在中华民族百年复兴的伟大征途上，我们需要更多的罗阳，需要更多像罗阳这样甘于奉献、有着勇于担当和牺牲精神的人。

著名词作家王平久先生为英雄罗阳创作了歌词《我的英雄》："当我叫你英雄的时候，你是否听见，这一去请不要，走得太遥远……"

是啊，英雄没有走远，英雄就在我们身边。

钟南山

妙手仁心的坚强"战士"

文/刘大江　邓瑞璇

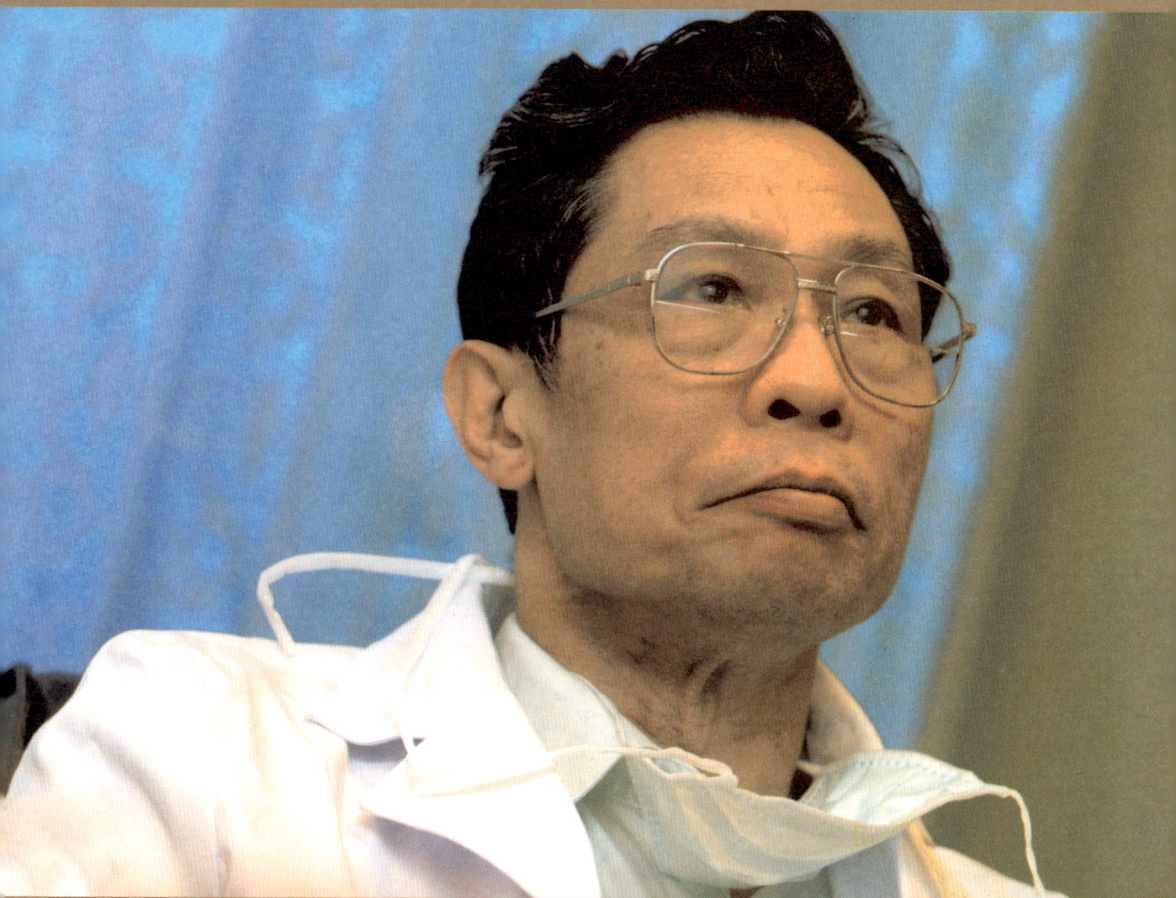

人 物 小 传

钟南山，男，汉族，中共党员，1936年10月出生，福建厦门人，广州医科大学附属第一医院国家呼吸系统疾病临床医学研究中心原主任。

2003年抗击"非典"中，他不顾生命危险救治危重患者，奔赴疫区指导医疗救治工作，倡导与国际卫生组织合作，主持制定我国"非典"等急性传染病诊治指南，为战胜"非典"疫情做出了重要贡献。主动承担突发公共卫生事件代言人角色，向公众普及卫生知识，积极建言献策推动公共卫生应急体系建设，为夺取应对甲型H1N1流感、H7N9禽流感等突发公共卫生事件的胜利发挥了重要作用。

2020年，面对来势汹汹的新型冠状病毒肺炎疫情，钟南山临危受命，于84岁高龄再次走上抗击疫情一线，担任国家卫健委高级别专家组组长，在关键时刻就如何遏制疫情扩散提出具体建议，在抗击新型冠状病毒肺炎疫情中做出了重大贡献。

荣获"全国先进工作者""全国道德模范"称号和国家科学技术进步奖一等奖。2018年12月，被授予"改革先锋"称号。2019年9月，被授予"最美奋斗者"称号。

中国之南，南海之滨。

灿烂的阳光铺在浩浩汤汤、奔涌不息的珠江水面上，一幅辽阔壮美的画卷在天地之间展开。

广州市珠江一侧，沿江西路车流不息，行人如织，热闹非凡。路边，有一栋高楼拔地而起，静静俯瞰世间繁华。这是广州呼吸疾病研究所（以下简称"呼研所"），每天都有全国各地的患者慕名而至。呼研所的学术带头人是我国呼吸病学领军人物、中国工程院院士钟南山。2018 年，他获评"公共卫生事件应急体系建设的重要推动者"，被授予"改革先锋"称号。

17 年前，一场没有硝烟的战争席卷全球，呼研所曾是"战场"的前沿阵地。时年 67 岁的钟南山，就是这个阵地上牢牢坚守的一名"战士"。也是在这块"战场"上，他被外界熟知，成为无数中国人心中的"定海神针"。

2019 年年底，新型冠状病毒肺炎（简称"新冠肺炎"）袭击武汉，进而蔓延到湖北省乃至全国各地。面对未知且传染性极强的病毒，84 岁的钟南山再次挺身而出，用行动诠释了他"定海神针"般的价值所在。

火线驰援，抗击新型冠状病毒肺炎

2019 年年底，武汉出现不明原因的新型肺炎。感染人数不断上升，医务人员也未能幸免。新年刚过不久，84 岁的钟南山，再一次义无反顾地冲上第一线。

2020 年 1 月 18 日晚，钟南山赶到了人山人海的广州高铁站。正当春运，去武汉的高铁票早已卖光，颇费周折他才挤上了 G1102 次列车，徘徊良久，才在嘈杂的餐车车厢里找到一个座位。

事发突然，钟南山走得相当匆忙，连御寒的衣服都没来得及带上，只穿了一件咖啡色的西装，就匆匆奔向了车站。这份请他尽快赶到武汉的通知，让他感觉此行绝非平常。压下赶路的疲惫，他打开电脑，逐个研究每一份材料和文件，试图尽快理清头绪。

这一天，武汉的新型肺炎患者增加到了 59 例。神秘的病毒给人们带来了莫名的担忧。但大部分人不以为意，毕竟一年一度的新春佳节正在到来，回家过年的事大过了一切。

钟南山不时看一看手表，实在困了，他就在低矮的靠背上仰头睡一下。

4 个多小时后，他在深夜时分抵达武汉。武汉出现的病例让他高度警惕。这一次，武汉的患者发烧、乏力，部分出现干咳，少痰。这与他当年迎头抗击的"非典"既相似又有差异。这种新型病毒到底有多危险，会怎么变异，他心忧如焚。

抗击"非典"的那年，钟南山 67 岁。现在，他已是 84 岁高龄，虽然曾经的运动员生涯以及良好的生活习惯让他看上去远比同龄人精神，但十数载的岁月，依然在他的面容上留下深深的印记。没想到，在寻常人尽享天伦之乐的时刻，他还要冲上最危险的一线，与病毒进行生死较量！

第二天，他立即赶赴武汉集中收治不明原因肺炎患者的金银潭医院等抗疫一线调查，下午专家集体开会研究，5 点赶去机场，飞抵北京参加当晚国家卫健委召开的会议，凌晨散会。这一夜他只睡了 4 个小时。

1 月 20 日，在白岩松主持的《新闻 1+1》节目中，钟南山郑重公布了调查结果："现在可以说，肯定的，有人传人现象。"信息的混乱导致的麻痹和松懈，在这一天彻底结束，一锤定音。

1 月 20 日下午，他在答新华社记者问时，进一步提出："我们建议原则上不去武汉，不出武汉。在武汉会有一个比较严格的口岸或是火车站、机场各方面的筛查检测。"

他呼吁政府部门担负起责任，防止病毒大面积传播，特别是要警惕超级传播者。随后，钟南山奔波于武汉、北京、广州三地，马不停蹄地寻找解决方案。

　　1月29日下午，他带领广州的专家团队与驰援武汉的广东ICU团队进行视频会诊，一开就是6个小时。与病魔的斗争可谓争分夺秒，一刻都不能放松。

　　武汉在农历大年三十前一天（2020年1月23日）"封城"。不久，紧挨武汉的黄冈"封城"。为了最大限度对抗新冠病毒，防控措施从钟南山提出的"不去武汉，不出武汉"，扩大成了一场史无前例的全国性防控。肆虐的病毒从这一刻起被紧紧扼住了咽喉。

　　网络上，流传着一张钟南山接受采访的视频截图。他讲到"相信武汉能够过关，武汉是一座英雄的城市"时，两眼含泪，嘴唇紧紧抿起。他的刚毅与深情展露无遗。

　　之后，钟南山和李兰娟团队分别从新冠肺炎患者的粪便中分离出病毒毒株。这是一个突破性的发现！冠状病毒形似皇冠，有更强的传染性，在门把手、电梯按钮、快递纸箱等这些人们经常接触的物品上都能存活相当长的时间。大家焦急地期盼着像钟南山这样的医学权威能够稳定人心。钟南山只能高频率出镜，为大家答疑解惑。每次他在电视上露面，大家都会一遍遍地仔细倾听，人心渐渐稳定。

　　超负荷的运转，让钟南山一下子憔悴了不少。妻子李少芬又气又心疼，但她知道钟南山这辈子最在乎的就是患者。

　　2月18日，钟南山在广东省疫情发布会上向大家汇报新的发现，康复患者血浆、中药有可能对重症患者治疗有效。说着说着，他露出了久违的笑容。

从 1 月 18 日，已经 84 岁的他义无反顾地踏上去武汉的高铁，到 2 月 18 日展露笑容，过去了整整一个月。

由钟南山倡议的，从 1 月 23 日实施的公共卫生干预措施有效控制了疫情发展。如果对新冠肺炎疫情采取的防控措施再晚 5 天，内地疫情的规模将扩大 3 倍。雷霆之举，拯救了千万条生命。

从 3 月 25 日起，湖北省开始有序解除武汉以外离鄂通道管控。车流如织，人们欢呼雀跃。4 月 8 日，武汉也全面解除离汉离鄂交通管制。以钟南山为首的专家团队，功莫大焉！

主动请缨："把重症患者都送到我这里来"

人们对于钟南山无上的信任与尊敬，最早源自他 17 年前在抗击"非典"战斗中的一往无前。

日夜不离的口罩、弥漫的蒸醋味儿、抢购一空的板蓝根冲剂……经历过的人不会忘记 17 年前"非典"（严重急性呼吸综合征，SARS）阴云笼罩的情形，更不会忘记在"非典"第一线冲锋陷阵的医护人员。而钟南山就是这批"战士"中最坚韧的一位。

出身医学世家的钟南山，是广东省医疗卫生界首位中国工程院院士，在呼吸道疾病的诊治方面独树一帜。突如其来的"非典"疫情，

钟南山全家福

把钟南山推到了大战的最前沿。

2002 年年底，呼研所接到了一名持续高热、咳嗽的特殊患者。不同于一般的肺病，各种退热方法和抗生素治疗对这一病症都无效。

随后，广东省内多地连续出现类似病情，并蔓延开来。疫情来势汹汹，缺乏有效的治疗和预防办法，许多医院对此措手不及，不断有医务人员被感染而倒下。人们把这一怪病称为"非典型肺炎"，也就是俗称的"非典"。

钟南山临危受命，被任命为广东省非典型肺炎医疗救护专家指导小组组长。

到 2003 年 3 月，广东省累计报告"非典"病例已经突破了 1000 例。就在人心惶惶的时候，钟南山带着他的呼研所站了出来，"把重症患者都送到我这里来！"

这句振聋发聩的话，震破了当时弥漫的愁云，安抚了慌乱的民心。直到今天，人们依然能从这句话中感受到当时那如同"定海神针"般的力量。

而当时，包括钟南山在内，大家尚不清楚这势不可当的传染病，病源在哪里，病原体又是什么。疫情会持续到什么时候，未来还有什么样的风险，也没有人回答得出来。在这种紧要关头，钟南山毅然接过了这一重担，也向大家许下了无畏的承诺。他领导的呼研所成了非典型肺炎救治的技术核心与攻坚重地。

"医院是战场，作为战士，我们不冲上去谁上

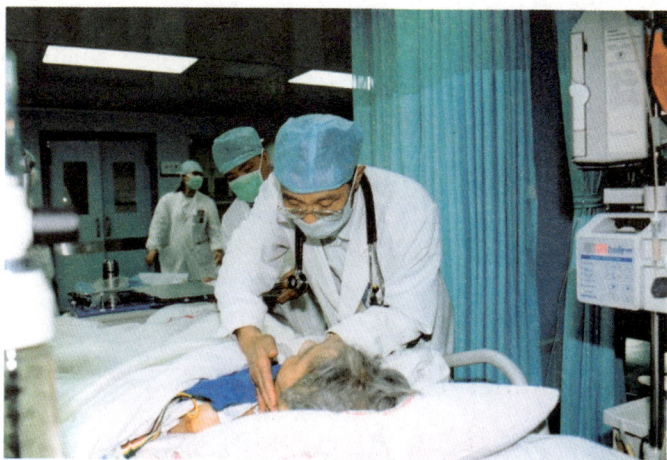

"非典"时期，钟南山院士在呼研所查房

去？"钟南山说，面对未知的疾病，他们选择摸着石头过河。

作为呼吸疾病专家，钟南山从一开始就投身到这场战役之中。对于尚未找到有效解决办法的"非典"，钟南山并非完全没有把握。在临床中，他已经检查了不知多少位"非典"患者。"我检查过每一个患者的口腔。"钟南山的这句话在当时广为流传。置个人安危于不顾的临床诊治让他对这个疾病有了更深刻的理解，也给了他战胜疫情的信心。

在疫情早期，钟南山就站出来，以医学专家的身份告诉大家，非典型肺炎并不可怕，可防、可治、可控，给慌乱的公众吃下了一颗"定心丸"。

曾经做过运动员的钟南山，一直很注意锻炼身体。直到现在，80多岁的他依然身体健朗、精力充沛。跟随钟南山学习多年的博士生说，钟南山经常叮嘱他们要多进行体育运动，把身体练好了，才能好好工作。

即便是这样一副钢铁身躯，在"非典"期间高强度的工作和高负荷的运转下，还是被病魔击倒了。

2003年年初，由于连续参加会诊、讲座以及各种指导活动，连续38个小时没合眼的钟南山病倒了，出现了高烧、咳嗽和肺炎的症状。在不知道是否是"非典"的情况下，他只能停止工作，接受治疗。尽管呼研所是治疗呼吸疾病最权威的医院之一，但是出于稳定军心的考虑，钟南山选择远离与自己并肩的"战友"，在另一家医院住了一晚

钟南山热爱篮球运动

后，就回到家中进行自我治疗。

所幸，他得的并不是"非典"。病情刚刚好转，身体尚未恢复，钟南山便回到呼研所上班。他的重新出现，给前线心怀忐忑的医务人员重新打了一针"强心剂"。从医生到患者，再到全国关注"非典"疫情的民众都说，看到钟南山心里才踏实。

衣原体之争

"我说的话，做的事，别人高不高兴，会不会得罪谁，这个我在乎的很少。"钟南山说。敢医敢言的性格令钟南山引起的争议不断，他也被打上了"大炮"的标签。

2003 年 2 月中旬，一些权威部门宣布，引起广东省部分地区非典型肺炎的病原体基本可确定为衣原体，建议采用针对性强的抗生素治疗。

奋战在一线的钟南山坐不住了。呼研所的大量临床实践证明，只用抗生素的治疗方案是没有用的。"我们通过实践，用了正规的治疗方法，但是没有效果，所以我不赞成衣原体的说法。"钟南山说。

面对这个问题，是明哲保身还是质疑权威？在风口浪尖上，钟南山选择站出来表示反对。他的这个举动当时让不少人难以理解。

"学术上的声音就是真理，就是事实。当我们看到这个学术的事实跟权威不一样时，我们当然首先尊重事实，而不是尊重权威。"后来，钟南山这样描述自己当时的心路历程，"这不是一般的学术讨论，而是救命的问题。"

2003 年 3 月，世界卫生组织将肆虐多月的"非典"命名为"严重急性呼吸综合征"（SARS）。在以钟南山为代表的专家坚持不懈的钻研下，随后世界卫生组织确认，引起 SARS 的病原体是冠状病毒的一个变种。从临床发病到发现 SARS 的病原体，耗时超过了 3 个月。

在钟南山的带领下，呼研所已经率先摸索出一套有效的防治"非典"的方案，总结出了"三早""三合理"的诊治经验。"三早"就是早发现、早诊断、早隔离，"三合理"是合理使用皮质激素、合理使用无创通气、合理使用抗生素。

同年 3 月，广东省卫生厅发布以钟南山为首的专家组撰写的《广东省医院收治非典型肺炎病人工作指引》，被多家医院采用，成为通用的救治方案，对全世界抗击"非典"也有着指导意义。

由于积极的隔离和防护，广东省的 SARS 病例在逐渐减少，疫情得到了有效地控制，许多患者得到救治恢复健康。钟南山说，在抗击"非典"的这场硬仗中，全世界"非典"患者死亡率是 11%，而广东省则低至 3.8%，是世界范围内"非典"治疗最好的地区之一。

以钟南山为代表的一线"战士"给了所有人战胜 SARS 的信心。

钟南山特别喜欢说的一句话是，"不唯书，不唯上，只唯实"。高度的责任感和对科学真理的执着，是他作为一名科学家的良知和勇气，也成为人们一次次战胜肆虐疾病的法宝。

推动公共卫生事件应急体系建设

当阴云终于散去，抗击"非典"这场没有硝烟的战争迎来了胜利。2003 年夏，SARS 疫情逐渐平息。当人们都松了一口气，沉浸在胜利之后的喜悦中时，钟南山仍然心怀警惕。

因为，SARS 传染的中间贮主尚未确定，依然有着二次传染的可能，对于这种急性传染病的防治绝不能有丝毫松懈。2003 年年底、2004 年年初，我国又曾出现几起 SARS 病例，但幸运的是，在基层及时上报的情况下，没有形成大范围的疫情。

经过研究，果子狸等野生动物被认为是 SARS 传染的重要中间贮主。如果对其不加以严格控制，就有可能重新引发疫情。

"即使'非典'疫情的再次发生只有很小的可能性，我们也必须采取强有力的预防措施。"钟南山说。在他的建议下，禁食野生动物逐渐成为人们的共识。

作为"抗击'非典'第一功臣"，钟南山以无畏感动中国，为人民健康做出了卓越的贡献，被评为 2003 年的"感动中国十大人物"

之一。

颁奖辞这样评价他："面对突如其来的 SARS 疫情，他冷静、无畏，他以医者的妙手仁心挽救生命，以科学家实事求是的科学态度应对灾难。他说：'在我们这个岗位上，做好防治疾病的工作，就是最大的政治。'这掷地有声的话语，表现出他的人生准则和职业操守。他以令人景仰的学术勇气、高尚的医德和深入的科学探索给予了人们战胜疫情的力量。"

"非典"过后，钟南山依旧致力于呼吸系统疾病的研究。他主动承担起突发公共卫生事件代言人的角色，向公众普及卫生知识，推动公共卫生事件应急体系建设。

"呼吸系统疾病是公共卫生事件应急体系需要应对的最主要疾病。目前我国公共卫生事件应急体系建设已经取得了很大成果，建立了全国广泛的监测体系。"钟南山说。

"非典"之后，全国陆续设立了几百个疾病监测点，能够及时监测到公共卫生事件的实况，对于呼吸系统疾病的诊断水平也在不断提升。监测点防护体系和科研体系建设为疫情的防治做出了巨大的贡献。

近些年，我国公共卫生事件的应急系统已经能做到快速响应，对疑似患者进行早期隔离，对于突发传染性疾病的防控起到了极大的推进作用。此后遇到的甲型 H1N1 流感、H7N9 禽流感、中东呼吸综合征（MERS）等疾病，医护人员和防疫机构都能够快速找到病源并进行防控。

2015 年，一个来自韩国的 MERS 疑似病例进入惠州，广东省只用了 4 个小时就找到了疑似病例，这是我国公共卫生事件应急系统的极大进步。

经过"非典"一战，中国社会和民众对待病毒传染的态度越发理性了。在 2009 年的甲型 H1N1 流感肆虐时，无论专业人员还是普通民众，都在用实事求是的态度，及时通报、迅速出击，有效地控制了疫情的传播。

一位疑难患者就是一个课题

采访钟南山，是在一个周四下午。每周这个时候，都是他出诊看病的固定时间，风雨无阻。

令笔者略感意外的是，80 多岁的钟南山院士，看起来只有 60 岁出头，腰板挺直，步履轻快。这位被誉为"医学界良心"的传奇人物，一开口，竟如此谦逊："我不过是一个看病的大夫。"

直到今天，每周两个半天，依然是"看病大夫"钟南山雷打不动的出诊和查房时间。

钟南山每周四都要花整整一个下午，在门诊部看十几个患者，他

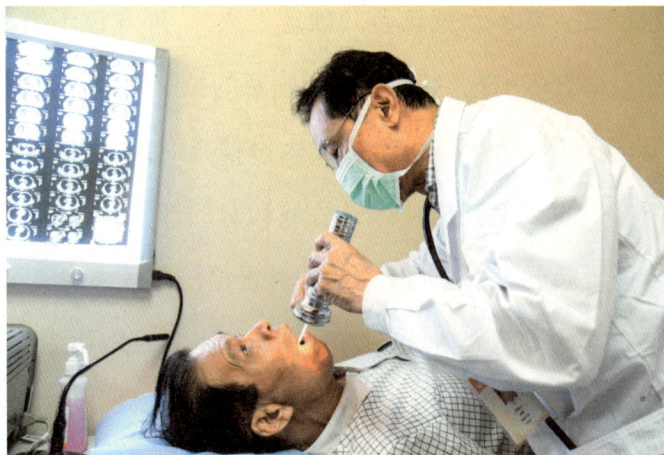

钟南山在给患者看病

们都是经过筛选的疑难杂症患者。他对每个患者都仔细参询。"这些患者不容易，从外地大老远赶过来，很多还来自宁夏、黑龙江等地。"钟南山说。

"钟南山院士诊室"，位于广州医科大学附属第一医院门诊三楼 1 号诊室，面积大约 40 平方米，有 3 个单间，外面的一间略大，里面的两间略小，钟南山就在里面的小单间坐诊看病。小单间的布置很简单：一张办公桌，一架检查病床，墙上挂着一个查看 X 线片的白板。

一位年近花甲的老太太从外面冲进来，怒气冲冲。她罹患硬皮症、干燥症，同时引发双肺纤维化，在广州一家大医院医治 9 年，病情却越发严重。老伴儿去世，平时还要照顾 90 岁的母亲，她平时心情

145

很糟糕，动不动就莫名其妙地发火。"你气色不错，比上次好多了"，钟南山几句随意的拉家常，一下子令老太太平静下来。给老太太做检查时，钟南山俯下身，一只手臂托着患者后颈和肩的部位，扶着患者慢慢躺下，等检查完之后，再慢慢扶起来。

这种充满人情味儿的温馨细节，是钟南山坐诊看病的常见场景：无论什么患者，即使有严重的传染病，钟南山都一视同仁。冬天天冷，钟南山还会细心地用手把听诊器焐热，再给患者听诊。

周四下午出诊，每次看 10 个号，每个患者至少要看半小时——这是跟随钟南山学习了 3 年的博士生宋盛仁总结出来的规律。有些患者第一次来，钟南山会详细地询问病史、查看资料，情况复杂时，还

钟南山在研究患者的
X 线片

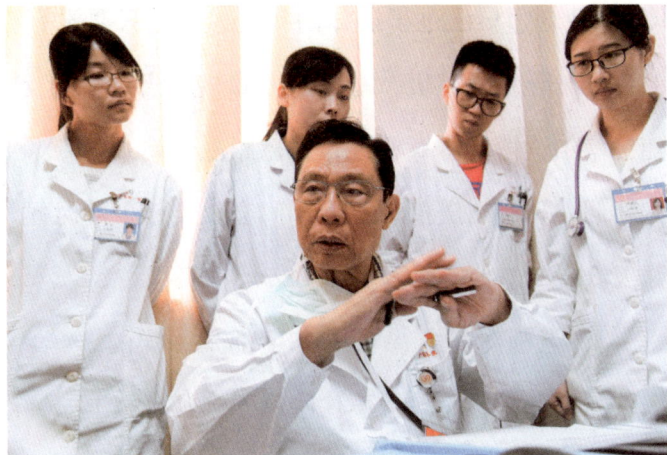

年过八旬的钟南山仍
在门诊一线带学生

会请其他科室的医生联合会诊。

"1个多小时都算快的。"宋盛仁说，有一次他跟随钟南山出诊，结束后很晚了，便坐着钟南山的车一起回去。路上他告诉钟南山，患者们都觉得钟老师对他们仔细耐心，都很感动。

看钟南山坐诊，感觉他不仅是患者的医生，更像患者的家人。

钟南山是医学人文精神最坚决的倡导者和实践者。他常说："医生看的不是病，而是病人。"

钟南山的学生，都亲昵地喊他钟老师，语气中是满满的钦佩与仰慕。在学术上，钟南山不仅凭借精湛的医术带领他们在医学道路上前行，还身体力行，以高尚的医德向他们传授什么才是真正的医生。

"钟老师早已过了退休的年纪，但是只要没有会议，他每天都会8点多到研究所上班，基本上是最晚离开，长年累月都是这样。"跟随钟南山读博的方章福说，自己跟随钟南山学习了8年，很少见到他休年假，只有国庆节和春节期间会议比较少的时候，钟南山才能休息几天。

"钟老师对所有患者的态度都是一样的。"学生陈春兰记得，一次一名患者看诊时，忍不住咳痰弄到了衣服上。钟南山刚好要为他听诊，便毫不犹豫地将患者的衣服掀了起来。

"衣服上面粘着痰，但是他真的一点儿都没犹豫。"陈春兰说，钟老师的举动让她触动很深。

因为门诊号是由学生负责管理预约，有时候遇到一些预约之外的患者，钟南山还会专门打电话问学生，这周能否加进来一位患者。"即使是钟老师自己想看的患者也要先问我们能不能加，他很尊重我们的工作。"陈春兰说。

冬天先焐热听诊器、扶着患者躺下……一个个暖心的细节，组合起来，便是一个"接地气"的钟南山。

然而，医学人文精神的核心不仅是"态度好"，而且是"想方设法治好病、防好病"。这是钟南山的观点。

在"钟南山院士诊室"，给广州患者张大姐仔细问诊后，钟南山的面色显得有点儿凝重，因为这位患者的双肺纤维化不仅病情严重，而且病例罕见，他叫来另一个科室的韩医生，嘱托她进行跟踪治疗。

钟南山坐诊看病的习惯是：发现疑难病症，召集多学科医生会诊，"像全科医生那样看病"。这也体现在他每周三上午的"院士大查房"。

广州医科大学附属第一医院呼吸内科的张挪富主任告诉记者，每周三上午，各个楼层的疑难患者都会汇集过来，我们提前一天把那些疑难患者的材料给钟院士，第二天他会过来与我们集体会诊。很多时候，一天查房只能看 3 个病例，有时在病房看完一个患者，临床的其他患者抱着钟院士的腿，哭着不让走，钟院士就会告诉他："我肯定会给你看，但今天已经排满时间了"，钟院士说到做到，周四或周五总会腾出时间来看这个患者，兑现承诺。

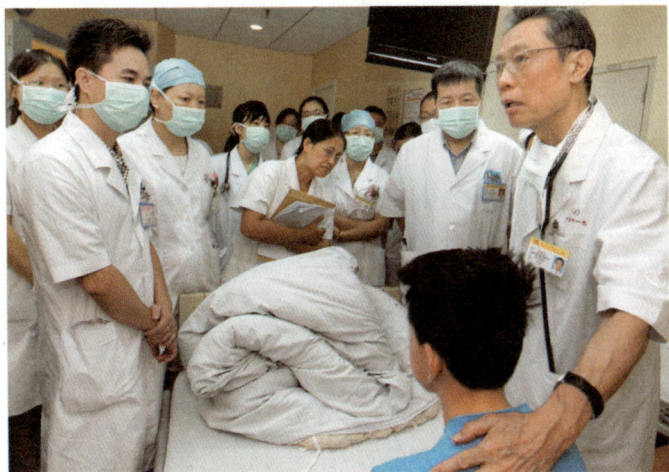

钟南山在查房现场
进行教学

每次大查房，钟南山都会协调组织多学科专家，从不同角度联合诊断，"最多的时候有 8000 多人一起参加视频查房，其中还有国际专家，经过讨论，80% 能解决问题"。

对于一时难以解决的疑难病症，钟南山会把它当作学术研究的挑战，临床操作完毕，回到实验室又进行科研攻关。"实践医学是可以比较快速地看到结果的，一边实践，一边科研。"钟南山说，"不能只是搞研究，最重要的还是要解决患者的问题。"

因为，在钟南山心中，一位疑难患者就是一个课题。

一辈子历经沧桑，钟南山早已看淡世间荣辱得失，但唯一不能看淡的，是患者的期待和需要。这才是他医学研究之根，才是大医济世的生存价值和意义。

慢性阻塞性肺疾病（以下简称"慢阻肺"）在中国是位列人群死因前三位的一种疾病。钟南山带领团队于 1999 年提出对慢阻肺进行早期干预，经过十多年的磨砺，第一次从流行病学方面证实生物燃料可引起慢阻肺，第一次发现 2 种老药用于预防慢阻肺急性发作安全有效，相关成果被写进世界卫生组织编撰的新版《慢性阻塞性肺疾病全球防治指南》，其中 2 篇论文分别被评为国际权威期刊《柳叶刀》2008 年度最佳论文和 2014 年度国际环境与流行病研究领域最佳论文。

此外，钟南山和冉丕鑫教授首次在国际上证实对早期无症状或仅有极少症状的慢阻肺患者（占我国慢阻肺患者人数的 90% 以上）使用单种药物（如噻托溴铵）治疗可以明显增加患者肺功能，并延缓肺功

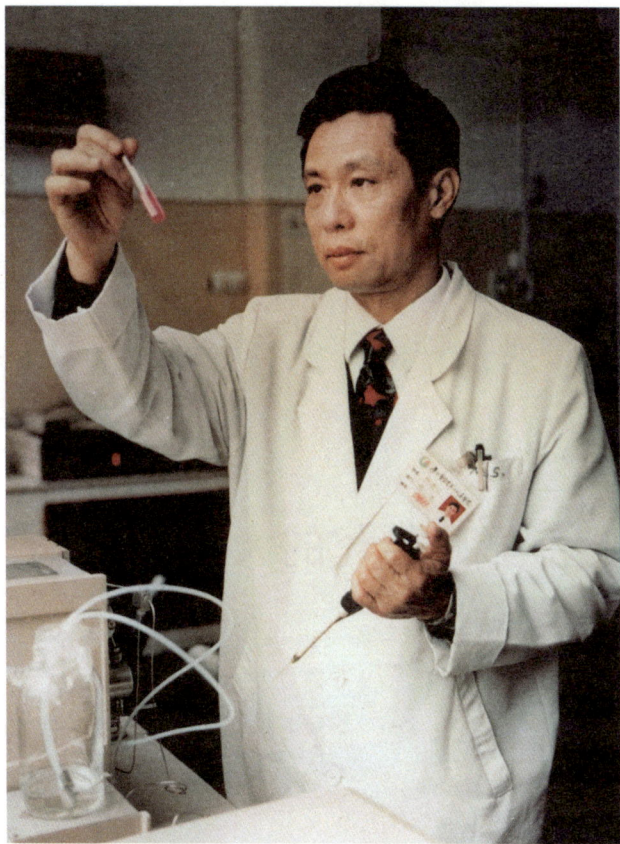

钟南山在做实验

能每年的递减率，为国际上慢阻肺的早诊早治提出新的战略。

"我们的选题来自临床，再转化应用回去指导临床。"钟南山科研团队的一位成员说。

一位永远在基层一线的"看病大夫"，求的是真，务的是实，这种求真务实的科学精神，让钟南山讲真相，说真话。2003 年，在 SARS 猖獗的非常时期，钟南山讲出了科学的真相，不仅为成功抗击 SARS 立下汗马功劳，而且还赢得国际社会对中国的赞誉。

只有坚实的大地，才能托起星辰大海。

钟南山有一个愿望，他梦想发展适合中国国情的器械、药物体系，因为国外的一些药物虽然有效，但太贵，不能再让电影《我不是药神》里的悲剧演下去了。

扛起产学研转化的大旗

如今，钟南山多了一个头衔：广州呼研所医药科技有限公司董事长。

2018 年 5 月 15 日，由钟南山领衔的广东省南山医学发展基金会、广州呼研所医药科技有限公司、广州医大科技发展有限公司联合举办广州医科大学钟南山团队产学研工作汇报交流会。令外界略感诧异的是，钟南山此次亮相的身份是广州呼研所医药科技有限公司董事长，这家公司是广州呼吸疾病研究所及呼吸疾病国家重点实验室的科技成果转化基地。

从临床一线，到科学研究，再到产业前沿，年过八旬的钟南山终于迈出了产学研一体化的关键一步，扛起了产学研转化的大旗。

1994 年，广东省
呼吸疾病研究重点
实验室成立

"做这个事情之前，我也很犹豫，考虑了一年半。
请教过律师，听专业的经济律师讲了 2 小时的课，也
特意给有关负责人写信，询问操作的可行性。得到领
导的答复是'好好干'，我就决定了。"钟南山说。

他所决定的，正是用知识撬动资本，推动产学
研转化。

在广州呼研所医药科技有限公司，钟南山主要
担任公司专家委员会专家，对公司拟投资的研究项
目的可行性和风险进行评估把关，也积极向董事会
提出建议；产学研团队做出的研究成果需要在全国
进行临床试验，他可以组织全国知名医院来进行相
关研究，让成果更有说服力。

"我自己仍然是医疗领域的一个'小兵'，需要

出诊、查房，大多数时间仍然在临床一线，进行门诊、查房、会诊、科研等，在产学研公司的工作不会花太多时间，主要定位为做'后勤'和协调工作。"这是钟南山对自己新角色的定位。

"当这个董事长，我是有底线的。做产学研转化，绝不能让一分额外的、非法收入进入自己的荷包。团队成果，首先考虑集体、社会。"钟南山希望，能够让科研人员理直气壮地获得合理利益，真正做到合作共赢。

早在 2009 年，钟南山就希望利用和撬动资本推动产学研转化。当时由他领衔，在广州经济技术开发区设立了产学研孵化基地。

钟南山说，他一直对"投资"这个词有顾虑，但近年来国家鼓励科研人员创业，他才终于放下心来。

2009 年以来，钟南山团队创新性地搭建并成功打造了呼吸疾病国家重点实验室产学研体系。这一体系以呼吸疾病临床诊（防）治需要为导向，以呼吸疾病国家重点实验室、呼吸疾病临床研究中心为依托，以广东省南山医学发展基金会为枢纽，以广州呼研所医药科技有限公司等产业化公司为主体，吸引社会资本，自主孵化出了一个高端生物医药产业园区。

特别是近年来，钟南山团队产学研工作发展开始进入"快车道"。

据广州呼研所医药科技有限公司总经理周荣教授介绍，目前，团队有许多产学研项目正在推进中，团队历时 25 年研究的肺癌瘤内化疗药物，正排在国家药品监督管理局一类抗癌新药上市的绿色通道。

另外，10 亿级呼吸系统传染病疫苗产业基地建设也备受关注，钟南山团队已获 2 项四价人用流感病毒裂解疫苗新药临床试验批件。该项目未来 3 ～ 5 年内将陆续投入超过 10 亿元，在广州建设以人用流感病毒疫苗为先导的呼吸系统传染病疫苗和中和抗体药物为特色主打产品的大型生物制品产业基地。

在新药协作方面，钟南山团队正合作开发一款抗流感产品和一款应用于脊髓灰质炎的疫苗；在生物器械方面，他们秉承简单、价廉、有效、安全的思路，正在研发一款裸眼 3D 成像摄影方面的产品，以提高医生做手术的准确性；在诊断技术方面，他们每月都会开展 1 ～ 2 次网络诊断，来自全国 400 ～ 500 家医院的医生们共同诊断疑难呼吸疾病。

目前，钟南山产学研团队成立了多家关联项目公司，涵盖精准医学研究中心、功能营养研究中心、转化服务中心、医疗器械创制中心、医学创新诊断中心、药物创新研究中心六大功能板块，打造了华南地区乃至全国的呼吸疾病领域医药产学研一体化的标杆。

如何在体制、机制上为科研一线人员松绑，打通产学研转化障碍？这是钟南山一直思考的问题。

2017 年，在中国制造 2025 广州战略研究论坛院士分论坛上，钟南山提出准备成立健康产业投资基金的想法。他介绍了自己参与的广州市健康医疗协同创新重大专项项目。该项目自 2013 年开始实施，通

钟南山（右二）获
中国工程院光华科技
成就奖最高奖项

过产学研政企经合作，在肿瘤、地中海贫血、重大
传染病的快速诊断等领域取得了很大突破。

他认为，"现在的企业是招商引资，而我们希望
成立这样一个基金，专门招智引资。企业投入科研
是要看对象的，而我们现在已经有了很好的平台，
也有很多过硬的成果。在研究方面，我们有 3 个领
域一直走在国际前列——重大传染病抢救、慢性阻
塞性肺疾病的早诊早治以及肺癌的早诊早治。"

2019 年 6 月 10 日，在第十二届生物产业大会的
分论坛——广州医科大学科技成果对接会上，以钟
南山的名字命名的广州南山科创基金签约落地。该
基金规模为 2 亿元，由广东省南山医药创新研究院
作为牵头机构，将重点投资生物医药及相关领域的

科研机构、新型研发机构、高校的科技成果转化项目。

科学家难懂市场和企业不太懂科学、实验室追求论文和企业追求效益等现象，依然大比例存在。广州南山科创基金的成立，目的直指当前产学研转化"肠梗阻"。

钟南山坦言，国内生物医药产业在科技成果转化的速度上依然落后于发达国家。要打通科研成果转化的"最后一公里"，把实验室的样品变成产品甚至商品，最关键的是要激发体制内的创新潜能。

"一旦政策到位，创新潜能激发，中国生物医药产业的潜力就会爆发。"这是钟南山对未来的憧憬。